AF463875

Lb 41 / 1639 A

LES ABUS DES POUVOIRS ILLIMITÉS.

DÉFENSE

Des citoyens Lalande, *ex-administrateur du département de la Manche;* Nicole, *ex-secrétaire général du même département;* & Lecardonnel;

Avec des réflexions sur l'état présent de la République.

Par Laurent LECOINTRE, député du département de Seine-&-Oise.

» Est ce bien l'empire de la justice que l'on veut qui domine ?
» n'est-ce pas plutôt un parti, une faction qui veut succéder à une autre? A quels signes, par quels moyens pouvons nous le reconnoître ? C'est en vous prononçant bien pour un gouvernement juste, que vous tranquilliserez le Peuple ».

Dénonciation de Lecointre contre Billaud, Collot et autres, imprimée par ordre de la Convention nationale, page 8 de la troisième édition.

Incedo per ignes....

A LA CONVENTION NATIONALE.

A-t-on pu prononcer sur le sort des citoyens Lalande, Nicole & Lecardonnel, sans avoir entendu leur défense? si un décret a prononcé ainsi, doivent-ils être privés d'éclairer la religion de la Convention nationale, surprise par un décret *précipité?*

Leur défenseur doit-il les abandonner lorsqu'ils n'ont point été entendus, & qu'il reste convaincu de la justice de leur cause? non. Je produis donc avec confiance cette défense; elle assurera sans doute la liberté de ces patriotes.

Quand le décemvir Appius, à Rome, par l'abus de ses pouvoirs illimités, força Virginius à enfoncer le poignard dans le sein de sa fille, la liberté romaine reparut. Quand le décemvirat robespierrien, chez nous, comprima toutes les ames par la terreur & l'image des exécutions sanglantes, la liberté française reparut. Quand les abus du pouvoir recommencent, & qu'une tyrannie nouvelle veut peser sur les têtes, ils provoquent à grands cris la liberté: la liberté renaîtra.

C'est lorsque l'innocence est attaquée, que chacun de nous doit se montrer avec courage. Ce devoir ne nous est pas moins imposé par notre mandat, que la sévère obligation de combattre le crime.

Du même front dont vous m'avez vu à cette tribune, dont vous m'y verrez constamment accuser les coupables, je m'y présenterai pour défendre les républicains que l'audace & la fureur des vengeances s'apprêtent à sacrifier à d'injustes ressentimens.

S'il ne s'agissoit ici que de quelques individus, s'il ne s'agissoit que de défendre Lalande, je dirois: l'intérêt d'un individu est au-dessous de l'intérêt commun; mais il s'agit du sort d'une multitude de patriotes opprimés; il s'agit du sort de la République elle-même.

Il y a quarante jours, je vous ai dit à cette tribune qu'il se faisoit sentir une réaction terrible sur tous les points de la République. Eh bien! ce sont des actes de cette même réaction que je viens dévoiler aujourd'hui.

En dénonçant de grands coupables, je n'ai pas voulu

qu'il s'élevât à côté une tyrannie nouvelle plus cruelle peut-être, & plus dangereuse que la précédente, vous ne l'avez pas voulu; vous ne le permettrez pas.

Le 15 de ce mois, Lomont, rapporteur de votre comité de sûreté générale, s'est présenté à votre tribune, pour vous faire approuver la conduite de Legot, envoyé en mission dans le département de la Manche, pour justifier ce représentant du peuple d'avoir destitué des patriotes de ce département, d'après des suggestions perfides, sans preuves, sans motifs.

Je viens ici prouver que le rapport de Lomont, que je dois appeler plus que jamais un rapport inexact, infidèle, mérite toute votre animadversion.

C'est avec une peine sensible que je vois Lomont (du Calvados), pour la première fois qu'il aborde cette tribune, se charger d'un rapport contre des citoyens vertueux, lorsque les pièces qu'il cite contre eux portent avec elles le caractere de la vengeance & d'une réaction cruelle qu'on veut exercer; & pour opérer sans retour la perte de ces citoyens, Lomont supprime ce qui est favorable aux dénoncés.

Quand un conseiller de grand-chambre, quand un conseiller de Tournelle, vouloient perdre un homme, que faisoient-ils? ils présentoient les pièces à charge, ils écartoient les pièces à décharge. Qu'a fait Lomont? la même chose. Il a fait davantage : il a avancé dans son rapport plus que ce qui est contenu dans les pièces qu'il a citées & fait imprimer lui-même.

Mais vous, citoyens collègues, vous qui n'avez pas voulu en vain que la justice fût à l'ordre du jour, vous avez voulu que les faits fussent éclaircis, vous avez décrété, sur ma proposition appuyée par Bentabole & Reubell, l'impression de toutes les pièces, afin que les idées rectifiées & rentrées dans les bornes invariables de la justice, vous prononçassiez en connoissance de cause. Eh!

bien ! nonobſtant votre décret, le rapporteur n'a fait imprimer que les pièces à charge. Mon devoir, pour vous éclairer, a donc été de faire imprimer la défenſe & les pièces de Lalande.

O toi, Lomont, toi qui rappelles les motifs qui ont déterminé la Convention nationale à envoyer un repréſentant du peuple dans le département de la Manche, tu ne lui dis point que ce fut une adreſſe rédigée, mendiée par des hommes qui, en 1793, ont tout fait pour outrager la repréſentation nationale & aſſervir les bons citoyens; par des hommes qui ont violé tous les principes & foulé aux pieds les décrets; par des hommes, qui, en ce moment, font tous leurs efforts pour perdre les patriotes, faire déteſter la révolution, & qui l'euſſent déja fait périr, s'il avoit dépendu d'eux (1).

Tu dis, Lomont, que notre collègue Legot, comme toi, député du Calvados, s'eſt fait rendre compte de la *vie révolutionnaire* des membres des autorités conſtituées du département de la Manche (2)? tu le dis : c'eſt une impoſture. Il les a deſtitués ſur des *on dit*; il ne ſavoit même pas ſi Lalande étoit préſident ou membre de l'adminiſtration de département, quand il l'a deſtitué.

(Voici la lettre de Legot à Lalande, qui prouve ce que j'avance).

---

(1) Lisez dans le bulletin de la Convention nationale, séance du 17 frimaire, la pétition de ces hommes à réaction, au nom de la commune de Coutances, de ces hommes qui disent qu'ils ont *des victimes à venger*, *des familles à consoler*, *des dilapidateurs à punir*. Il est prouvé que Lalande, Nicole et Lecardonnel ne sont coupables sous aucun de ces rapports, et que la soif de la vengeance fait tout le mérite de la pétition qui a provoqué, pour le département de la Manche, la mission de Legot (du Calvados.)

(2) Page 2 du rapport présenté au nom du comité de sûreté générale, par Lomont, le 15 pluviôse.

ÉGALITÉ, LIBERTÉ.

Coutances, le 14 nivôse, an troisième de la République française une et indivisible.

Legot, représentant du peuple envoyé dans le département de la Manche, au citoyen Lalande, président du département de la Manche, OU membre dudit département.

L'opinion publique étant contre toi, citoyen, je te destitue de tes fonctions de président du département.

Signé, LEGOT.

Tu dis que *le représentant du peuple* (Legot) *n'a fait aucune opération en ce genre, qui n'ait eu le suffrage de tous les citoyens probes & vertueux* (1)*?* Des citoyens probes & vertueux! Ceux dont Legot s'est entouré, ce sont des hommes qui, depuis le commencement de la révolution, ont le plus marqué par leur incivisme; ce sont des signataires, des agens sanguinaires de la rebellion du mois de juin 1793, contre l'unité de la République.

Vous serez étonnés, lorsque, dans un instant, je vous aurai fait connoître ces individus.

Tu accuses, contre ta conscience, Lalande d'avoir quitté ses fonctions sachant, *dis-tu, qu'il tenteroit en vain de circonvenir le représentant du peuple, & de s'être rendu à Paris, où l'on assure que sa présence est pour le moins suspecte, si elle n'est pas dangereuse* (2). Quoi! Lomont ose parler ainsi, lui qui avoit sous les yeux la preuve du contraire! Je t'avois montré moi-même la lettre du comité de législation, qui permet à ce citoyen de venir à Paris, pour ses affaires personnelles & pour son état d'imprimeur, visée par les autorités constituées & le comité révolutionnaire de Coutances, visée par le

(1) Page 2 du même rapport.

(2) Page 3 du rapport.

comité civil de la section de Brutus, visée enfin, à diverses reprises, par le comité de sûreté générale de la Convention nationale, dont tu es membre. N'avois-tu pas reçu, comme tous nos collègues, dans ta distribution, un exemplaire de ma motion d'ordre du 11 nivôse, où sont les pièces qui justifient Lalande de cette étrange inculpation ? J'ai fait plus : je t'ai remis, en présence de notre collègue Lecarpentier, un exemplaire de cette motion, où la lettre du comité de législation se trouve imprimée (n°. 4, page 9) (1).

---

(1) ÉGALITÉ, LIBERTÉ.

Paris, 28 brumaire, an troisième de la République française une et indivisible.

Les représentans du peuple, composant le comité de législation, au citoyen Lalande, administrateur du département de la Manche, à Coutances.

Tu demandes un congé de quinze jours pour venir à Paris, où t'appellent des affaires personnelles et urgentes relatives à ton état d'imprimeur.

Le comité t'accorde le congé dont tu as besoin, en te recommandant de te rendre exactement à ton poste à l'expiration du délai, et de l'instruire de ton retour.

Salut et fraternité,

Les membres chargés de la correspondance,

Signé, DAVID, J. AZÉMA.

Vu et enregistré au secrétariat du département de la Manche. Coutances, 28 brumaire, troisième année républicaine.

Signé, Robine, *président*; Nicole, *secrétaire général*.

Autant du présent enregistré sur le registre du conseil municipal de la commune de Coutances, le citoyen Lalande a déclaré partir pour Paris aujourd'hui ou demain, dont acte lui a été accordé.

Suit son signalement.

Lomont, tu en impoſes avec impudeur, tu en impoſes à la Convention nationale, quand d'après des lettres écrites en termes vagues, ſouſcrites par des hommes ſignataires, & ſoutiens d'arrêtés liberticides dont un, celui du 14 juin 1793, portoit *que les adminiſtrateurs du département de la Manche ceſſent de reconnoître les pouvoirs des repréſentans du peuple, & font défenſe à*

En la maison commune à Coutances, séance publique, le 28 brumaire, l'an troisième de la République française une et indivisible.

Signé, Lecarpentier, Piton, J. Coulomb, *officiers-municipaux*; Lecoulaut, *secrétaire-greffier*.

Vu au comité révolutionnaire provisoire du district de Coutances, le 28 brumaire, an trois de la République française une et indivisible.

Signé, L. M. Voisin, *président*; Lefillatre, Hue, G. Cornet, M. Jean, Corbet, Clément.

N°. 1070. Vu au comité civil de la section de Brutus, pour rester à Paris jusqu'à l'expiration du congé. Ce 6 frimaire, l'an troisième de la République une et indivisible.

Signé, Verneau, *président*; Balion, *vice-président*; Thomas, *commissaire*.

Vu et permis au citoyen Lalande, administrateur, de rester encore un mois à Paris. Ce 12 frimaire, l'an troisième de la République.

Les représentans du peuple, membres du comité de sûreté générale,

Signé, Monmayou, Harmand.

Vu et permis de rester à Paris pendant une décade. Paris, ce 18 nivôse, l'an troisième de la République française une et indivisible.

Les représentans du peuple membres du comité de sûreté générale, section de la police.

Signé, Boudin, Harmand.

toutes autorités civiles & militaires du département de la Manche, de reconnoître & obéir à tous ordres & réquisitions des représentans du peuple; dont un autre, du 26 juin, portoit que les représentans du peuple *sortiroient du département de la Manche, ou qu'ils y seroient contraints dans le jour.* Tu en imposes, Lomont, quand d'après une lettre du directoire du district de Coutances, envoyée, par un courier extraordinaire, à la députation de la Manche, aux frais du trésor public, contre Lalande, quand d'après plusieurs autres lettres où respirent la partialité & le desir atroce de la vengeance, tu répètes calomnieusement, sans preuves, sans motifs, sans raisons, *qu'on assure que la présence de Lalande est pour le moins suspecte à Paris, si elle n'y est pas dangereuse.*

Eh! quels sont donc les premiers dénonciateurs de l'infortuné Lalande, des malheureux Nicole & Lecardonnel? Ce sont deux députés du département de la Manche (Hubert & Sauvé, signataires d'une adresse envoyée à leurs commettans, contre la révolution du 31 mai). Qu'ont-ils fait, ces députés, depuis trois ans, pour le bonheur de la révolution? ont-ils abordé cette tribune? jamais. Ont-ils quelquefois défendu leurs concitoyens opprimés par des arrêtés rétroactifs? non. Qui les a défendus? moi Lecointre, & je suis le seul. Se sont-ils montrés dans les temps difficiles? non encore. Mais ils ont touché leurs appointemens; & aujourd'hui, ils accusent sourdement, lâchement, des patriotes, pour les perdre.

Ont-ils dit vrai dans leur dénonciation? non! Ils ont accusé Lalande & Nicole, d'avoir, en quittant leur domicile pour venir à Paris, quinze jours avant le 24 frimaire, jour où ils ont été dénoncés au comité de sûreté générale, d'avoir voulu *échapper* à une *information* qui se faisoit au tribunal criminel du département de la Manche contre *les dilapidations & abus d'autorité*; & Lecardonnel, d'avoir voulu se soustraire à la première réquisition. Eh bien, citoyens mes collègues, à la date du premier nivôse, l'accusateur public a délivré un certificat à Lalande, qu'il n'existoit *aucune charge contre lui* (1) ; à celle du 18 nivôse, quatre jours après sa destitution, un pareil certificat a été délivré à Nicole (2) ; enfin, l'agent militaire du district de Coutances certifie, le 29 nivôse, que Lecardonnel étoit parti pour

---

(1) Nous soussigné, accusateur public près le tribunal criminel du département de la Manche, sur la demande que nous a fait faire le citoyen Lalande, administrateur du directoire de ce département, certifions que, de l'information que nous avons entreprise, et que nous continuons contre les fonctionnaires publics coupables de malversations ou de dilapidations et d'abus d'autorité, il ne résulte, quant à présent, aucunes charges contre ledit citoyen Lalande ; nous n'avons pas cru devoir lui refuser pareil certificat, que nous déclarons être conforme à la plus exacte vérité. En foi de quoi, nous y avons apposé notre signature et notre cachet.

A Coutances, ce premier nivôse, l'an trois de la République française une et indivisible.

Signé, P. Lemenuet.

(2) Je soussigné, accusateur public près le tribunal criminel du département de la Manche, certifie que de l'information que j'ai faite contre les fonctionnaires publics qui auroient pu se rendre coupables, ou de dilapidations et malversation dans l'administration, régie ou vente des biens et effets appartenans à la République, ou d'abus d'autorité dans l'exercice de leurs fonctions, il n'est résulté aucunes charges contre le citoyen Nicole, ci-devant secrétaire-général de ce département. En foi de quoi je lui ai délivré le présent de sa réquisition, comme un hommage que je ne crois pouvoir refuser à la vérité.

A Coutances, ce 18 nivôse, l'an troisième de la République française une et indivisible.

Le présent délivré par duplicata, par moi accusateur public susdit, ce 27 nivôse, troisième année républicaine.

Signé, Lemenuet.

l'encadrement, le 29 frimaire (1). A la date du 5 frimaire, Nicole a obtenu son certificat de civisme (2); à la date du 27 nivôse, l'administration certifie que Nicole n'a point quitté son poste depuis le 8 septembre 1793, jusqu'au 14 nivôse de l'an 3, jour de sa des-

---

Du 29 frimaire troisième année Républicaine.

(1) Devant nous agent militaire du district de Coutances, nommé pour la levée de la première réquisitjon.

S'est présenté le citoyen Jean-François Lecardonnel, fils de feu Jean, et de Marie-Charlotte Girard, né et demeurant à Coutances; le dénommé ci-dessus est parti le 29 frimaire pour l'encadrement.

Certifié véritable par moi, agent militaire du même district.

Coutances, ce 29 nivôse, troisième année républicaine.

Signé, Guillemin.

(2) *Extrait du registre des délibérations du conseil général de la commune de Coutances, contenant ce qui suit :*

Du 5 frimaire, l'an 3 de la République française une et indivisible, en la maison commune, le conseil général assemblé :

Le citoyen Anne-Elisabeth Nicole, secrétaire-général du département, a demandé un certificat de civisme qui lui a été accordé à la majorité de dix voix sur seize, les six membres ayant demandé l'ajournement à une autre séance.

Certifié conforme.

Signé, Closet, *officier municipal*; Lecoulant, *secrétaire*.

titution (1). Eh bien, Hubert & Sauvé, que devient votre dénonciation ? la méconnoîtrez-vous ? la voilà (2). Méconnoîtrez-vous les pièces ? voilà les originaux : & vous n'êtes pas les provocateurs des adresses contre ces patriotes, que vous avez cru anéantir par vos délations fur-

---

(1) Nous président et secrétaire général du département de la Manche, certifions que le citoyen Nicole, ex-secrétaire général du département, n'a point quitté son poste depuis le 8 septembre 1793 (vieux style), jusques et compris le 14 nivôse présent mois, jour de sa destitution.

A Coutances, le 27 nivôse an troisième de la République française une et indivisible.

Signé, Pépin, *président.*

(2) ÉGALITÉ, LIBERTÉ.

Du 24 frimaire, an 3 de la République française une et indivisible.

Les représentans soussignés observent à la police qu'ils sont informés que trois individus du district de Coutances en sont partis il y a environ quinze jours : les bons citoyens du pays craignent qu'ils ne soient pas venus à Paris pour de bonnes intentions, ayant toujours été chez eux des terroristes ; et l'on suppose qu'ils ne quittent leur domicile que dans la vue d'échapper à une information qui se fait au tribunal criminel du département, contre les dilapidations et abus d'autorité. L'un d'eux s'appelle *Lalande*, et est administrateur du département ; l'autre, *Nicole*, secrétaire général ; et l'autre, *Lecardonnel*, jeune homme de la première réquisition, et tous les trois membres du comité de surveillance. Les soussignés prient leurs collègues de les faire veiller.

Signé, J. M. Hubert, *député du département de la Manche*, et Sauvé.

Pour copie conforme.

Signé, Rufau.

tives!... Et toi, Lomont, qui connoissois ces pièces à décharge, comment as-tu pu, dans ton rapport, ne pas en faire mention ? & tu me ferois un crime, à moi, de te comparer à ces anciens rapporteurs de grand-chambre ou de Tournelle, qui perdoient des citoyens par des rapports semblables aux tiens. Pourrois-je, dis-le-moi, abandonner la cause de ces citoyens sans être criminel ? & toi, peux-tu les opprimer, sans être coupable, toi, membre du comité de sûreté générale, toi, qui tiens dans tes mains la fortune, l'honneur, la liberté, la vie des citoyens?

Il n'échappera pas à votre sagacité, citoyens collègues, que toutes les dénonciations contre Lalande datent, je ne dirai pas du 24 frimaire, jour où les dénonciateurs (Hubert & Sauvé) ont clandestinement attaqué l'honneur, la liberté, je dirai presque les jours des citoyens Lalande, Nicole & Lecardonnel, mais bien depuis ma motion du 21 nivôse, connue par tout le département de la Manche, dès le 25.

Et dans quel temps arrivent ces dénonciations, ces adresses ? Dans le temps que Legot est encore dans le département de la Manche ; dans le temps que, par ses pouvoirs illimités, il y exerce la plus grande influence. Qui envoie de pareilles adresses, de semblables dénonciations ? ceux que Legot a mis en place. Qui les envoie ? des hommes avides du pouvoir, des hommes qui craignent d'être destitués par Legot, des hommes qui rejettent sur les autres les fautes qu'ils ont commises. Contre qui les envoient-ils ? contre des hommes désignés par l'opinion du peuple, appelés à leurs fonctions par le vœu des envoyés des assemblées primaires & de tous les bons citoyens.

Tu en imposes, Lomont, contre le cri de ta conscience, quand tu dis que la société populaire de Coutances a expulsé Lalande de son sein, *fatiguée enfin de son despotisme, & indignée de ses principes & actes robespierriens.* L'arrêté de la société qui exclut Lalande & que tu as fait imprimer (page 15 & 16 de ton rapport), n'est point motivé ; il en est de même de l'arrêté qui exclut Nicole & Lecardonnel. Leur expulsion n'est que l'effet de l'intrigue ; ceux qui l'avoient provoquée (Boullanger, Guerin & Pepin) sont eux-mêmes chassés aujourd'hui.

C'est en vain que tu cherches à atténuer les actions glorieuses de ces républicains, à l'époque de la rebellion calvadosienne contre les décrets de la Convention nationale en 1793 ; rebellion dont les chefs principaux, après le général Wimphen & son adjudant-général Puisaye, aujourd'hui l'un des généraux des Chouans, qui, dès le mois de juin 1793, ont levé l'étendard de la révolte armée (1) ; ces dilapidateurs des caisses de la République, qui ont dépensé plus de 1300 mille liv. à la Nation, & qui auroient enlevé plus de cinq millions, si le peuple de Caen ne s'y fût opposé ; ces scélérats, suspendus par Prieur (de la Marne) & moi, & mis ensuite hors la loi par décret ; rebellion dont les chefs principaux étoient Caille, qui a trouvé dans ta personne & dans d'autres députés également du Calvados, des protecteurs. En plein comité de sûreté générale vous m'avez sollicité de consentir à sa liberté, il y a environ deux mois ; & , malgré mes refus, tu m'as dis, Lomont, que tu as concouru depuis peu à sa liberté. Les chefs principaux de la rebellion calvadosienne étoient

(1) Wimphen, que l'administration du département du Calvados, et qu'une partie des députations réunies du Calvados et de la Manche, demandèrent au ministre de la guerre, pour être général de l'armée des Côtes de Cherbourg ; Wimphen habitant du Calvados, qui, à Caen, au milieu du congrès des départemens révoltés, pressoit les envoyés de ces départemens de se joindre aux Anglais.

Caille & Destange, ex-curé de Caen, commissaires envoyés par les administrations rebelles de Caen à Coutances, commissaires qui, après avoir égaré l'opinion du peuple dans le Calvados, essayèrent d'en faire autant dans le département de la Manche, où ils ne réussirent que trop auprès des autorités constituées. C'est en vain que tu prétends flétrir Lalande & Nicole en répétant, d'après la municipalité de Coutances, qui le même jour qu'elle refusoit un certificat de civisme à Lalande, qui seul, au milieu de l'assemblée rebelle du département de la Manche, a soutenu la représentation nationale, le 14 juin 1793; quand tu répètes d'après cette municipalité plus que suspecte, qui ce jour-là même a accordé des certificats de civisme à des hommes qui outrageoient alors les représentans du peuple, violoient tous les principes, & faisoient tous leurs efforts pour allumer la guerre civile & déchirer la République; quand tu répètes d'après une telle municipalité que Lalande & Nicole n'ont jamais eu qu'un civisme affecté, *exclusif, despotique & tyrannique*; quand tu renchéris sur cette municipalité. La municipalité de Coutances n'avoit parlé que de Lalande; encore n'avoit-elle pas dit qu'il eût un civisme *sanguinaire*, comme tu as eu la perfidie, la cruauté de l'avancer (pag. 3 du rapport).

Lomont, tu parles d'immoralité, de l'immoralité de Lalande? Cite un fait contre lui! Lorsque ses accusateurs sont des déprédateurs, des ennemis avérés de la révolution, cite un fait: dis-nous, quelle maison de débauche Lalande a fréquentée; dis-nous quel père de famille, quel mari, quelle citoyenne a jamais porté, je ne dis pas de plaintes, mais le plus léger soupçon sur ses mœurs; dis-nous, Lomont, quelle spoliation, quelle déprédation Lalande a commise. Parle, mais cite des faits, & précise-les bien. Dis-nous quel père de famille il a enlevé à ses foyers, quel sang il a fait répandre, quels pleurs il a fait verser.

Ce n'eſt pas lui qui a fait précipiter dans les cachots les rebelles à vos décrets, & leurs conſorts; c'eſt leur inconduite, ce ſont leurs actes contre-révolutionnaires, ce ſont vos décrets juſtement vengeurs du crime.

Tu en impoſes, Lomont, quand tu dis (page 3 du rapport) que Lalande, Nicole & Lecardonnel ont tellement *influencé* la ſociété populaire, *par leurs machinations*, *leur aſtuce & leurs vociférations*, qu'ils ſont parvenus à ſe placer eux-mêmes à la tête d'un comité de cinq membres, & à ſe faire adjoindre deux de leurs amis chargés avec eux de dénoncer les ennemis de la République. Oui, tu en impoſes, Lomont, car ce n'eſt aucun d'eux qui a provoqué la formation de ce comité : les procès-verbaux de cette même ſociété que tu as ſous les yeux, portent que la nomination s'eſt faite *à la majorité abſolue des ſuffrages*, *par appel nominal*, *& individuellement*, *dans une ſéance convoquée* ad hoc (1).

---

(1) *Extrait du registre de la société des amis de la liberté et de l'égalité, séante à Coutances.*

Séance du 28 ventôse, an II de la République française une et indivisible.

Loisel, *président* ; Heot, *secrétaire.*

La société, sur la motion d'un membre, arrête qu'elle sera convoquée demain pour former un comité propre à donner des renseignemens contre les contre-révolutionnaires de toute espèce.

Le procès-verbal de la séance est signé Heot.

Pour copie conforme, délivré le 3 pluviôse, troisième année de la République.

Signé, Heot, président ; et Febvrier, secrétaire.

(1) D'ailleurs, qu'étoit ce comité? Etoit-ce une autorité constituée? non. Avoit-il quelques pouvoirs? non: mais c'étoit un simple comité de société populaire, qui n'exerçoit ni ne pouvoit exercer que là surveillance commune à tous les citoyens. Ce comité a-t-il désigné quelqu'un pour être arrêté? non. A-t-il dénoncé quelqu'un? non. A-t-il même écrit à qui que ce soit? Non.

Tu en imposes donc, Lomont, quand tu dis (page 3 de ton rapport) qu'après l'établissement du comité des cinq de la société populaire de Coutances, *les arrestations se multipliièrent*. Prouve un fait, cite les citoyens

---

(1) *Extrait du registre de la société des amis de la liberté et de l'égalité, séante à Coutances.*

Séance du 29 ventose, an II de la République.

HERVIEU, *président*; HEOT, *secrétaire*.

La société arrête qu'il y aura un comité de sûreté, et que ce comité sera composé de cinq membres qui seront nommés à *la majorité absolue des suffrages, par appel nominal et individuellement*: en conséquence, la société ayant procédé à leur nomination, il est résulté des différens scrutins qui ont eu lieu, que les citoyens Lecardonnel, secrétaire de la municipalité; Longien, administrateur; Delalande, administrateur; Lemaître, chirurgien; et Nicole, secrétaire du département; ont réuni la majorité absolue des suffrages: pour quoi ils ont été proclamés, par le président, membres du comité de sûreté.

La séance est levée.

Signé, HEOT.

Pour copie conforme, délivrée le 3 pluviôse, troisième année de la République.

Signé, HEOT, président; et FEBVRIER, secrétaire.

que

que le comité des cinq a désignés pour être arrêtés ; ou plutôt, si tu es de bonne foi, si les dénonciateurs des citoyens Lalande, Nicole & leurs collègues t'ont donné les renseignemens de la vérité, citez tous ensemble les citoyens qu'ils ont contribué à faire élargir.

Quand le représentant du peuple Bouret, dont la municipalité de Coutances réclame aujourd'hui le témoignage contre Lalande, quand notre collègue Bouret, qui a épuré l'administration & conservé Lalande dans ses fonctions d'administrateur, le 22 nivôse, an 2, (1) quand notre col-

---

(1) AU NOM DU PEUPLE FANÇAIS,

ÉGALITÉ, LIBERTÉ, FRATERNITÉ, UNITÉ, INDIVISIBILITÉ DE LA RÉPUBLIQUE.

A Coutances, le 22 nivôse, l'an 2 de la République français, une et indivisible.

Nous représentant du peuple envoyé par la Convention nationale à Cherbourg, et dans le département de la Manche :

Vu la nécessité d'épurer et d'organiser l'administration du département de la Manche ;

Considérant que la loi du 14 frimaire établit cette organisation sur un mode différent de celui qui existoit avant la loi révolutionnaire ;

Considérant que les membres de cette administration se trouvent actuellement apellés à d'autres fonctions qui exigent toute leur sollicitude et leurs talens administratifs ; qu'il est utile de compléter celle du département de la Manche, et d'y préposer des citoyens de chaque district capables de remplir avec une assiduité continuelle l'espérance de leurs administrés, et de veiller à l'établissement des contributions, à l'entretien des routes, et autres fonctions que la loi leur adjuge ;

Après avoir pris l'avis des bons citoyens, dont nous nous

lègue Bouret, que le directoire du district de Coutances annonce faussement avoir été dénoncé par le comité des cinq, passa à Coutances, parmi les citoyens qui formèrent son conseil, deux étoient membres de ce comité; ils contribuèrent à la mise en liberté de plus de soixante détenus qui furent alors élargis.

Avant la formation du comité, plusieurs des citoyens qui en ont été membres furent consultés, comme beaucoup d'autres bons citoyens, en frimaire de l'an 2e, par le représentant du peuple Lecarpentier, qui, après tous les renseignemens pris, élargit plus de 130 individus du district de Coutances. Et voilà ces hommes que l'on peint comme des hommes *tyranniquess & sanguinaires?*

---

sommes entourés, et en vertu des pouvoirs qui nous sont délégués par la Convention nationale, avons arrêté ce qui suit :

ARTICLE PREMIER.

Les citoyens Jouenne, etc., cesseront d'exercer les fonctions d'administrateurs du département de la Manche.

II.

L'administration du département de la Manche sera composée des citoyens dont le tableau est ci-dessous.

Joseph Delalandé, du district de Coutances, etc.

III.

Le présent arrêté sera envoyé au directoire du département maintenant en fonctions, afin d'installer le nouveau directoire dans le plus court délai.

Fait à Coutances, le 22 nivôse, l'an 2 de la République française, une et indivisible.

Signé, Bouret, E. T. Simon, *secrétaire*.

Tu en impoſes, Lomont, quand tu accuſes le comité des cinq d'avoir fait des liſtes de proſcription. Où ſont-elles ; ces liſtes de proſcription ? Je vous interpelle, vous, mes collègues, qui avez fait l'examen le plus ſcrupuleux des papiers des conſpirateurs, y avez-vous trouvé des liſtes de proſcription, dreſſées, envoyées par ce comité ? Je vous interpelle, vous, membres du comité de ſûreté générale, avez-vous dans vos bureaux des liſtes de proſcription dreſſées par ce comité ? avez-vous une ſeule lettre de ce comité qui vous dénonce qui que ce ſoit ? Tu en impoſes, Lomont, quand tu affirmes qu'on a ſurpris chez Lalande des liſtes de proſcription, liſtes, dis-tu, qu'il n'a pas déſavouées !

Le juge-de-paix de Coutances, devant lequel Lalande a été traduit pour ces prétendues liſtes de proſcription, a déclaré, par ſentence, que ce n'étoit point des liſtes de proſcription, mais une note. Le juge-de-paix l'a déclaré ; vous le déclarerez vous-mêmes, citoyens-collègues, quand vous aurez entendu la défenſe de Lalande.

Voici le texte littéral de cette fameuſe *liſte de proſcription*. Liſez & jugez.

« Tanquerey a dit au diſtrict, en partant le 19 meſſidor, que le diſtrict iroit à la barre de la Convention, avant que lui au tribunal révolutionnaire.

» Il avoit une correſpondance avec Robeſpierre. Etant à Paris, il a dû lui dire qu'il le ſuivroit dans peu, puiſqu'il ne le vouloit pas tirer.

» Dans Coutances il correſpondoit avec les Boulanger & quelques autres citoyens.

» Guérin & Pepin ont ſigné ces jours une réclamation pour Bonté. »

Explication littérale de la note précédente, telle qu'elle a été donnée devant le juge de paix par le citoyen Lalande.

« Mes obſervations, auxquelles les citoyens Boulanger donnent le nom de liſte de proſcription, n'étoient que pour moi; & jamais elles n'euſſent ſorti du ſecret, ſans la curioſité déplacée du citoyen Guérin qui, étant entré dans mon bureau & ne m'y trouvant point, ne crut pas devoir garder pour mes papiers le reſpect qui leur étoit dû. Telle eſt donc la première démarche inconſidérée du citoyen Guerin, qui donne lieu à une ſcène qui n'auroit jamais dû paroître. Le citoyen Guérin, non content d'avoir manqué au ſecret qu'il devoit aux obſervations, qu'il avoit dû trouver ſortant d'un regiſtre ſur mon bureau, vient en pleine ſociété me dénoncer, pour tenir des liſtes contre des patriotes, que ſon nom, les noms des citoyens Boulanger & Rapilli y étoient. Telle eſt la démarche qui a donné, malgré moi, une publicité à cette affaire; laquelle publicité je ne pouvois empêcher, déclarant que je n'avois fait ces obſervations que comme individu qui a le droit d'écrire & de penſer; je ne les avois faites, que pour m'en ſervir au beſoin, & peut-être jamais; tous les citoyens ayant le droit de ſe ſurveiller, &c. «

Tanquerey étoit un ex-noble, un ex-ſeigneur qui connoiſſoit, diſoit-il, Robeſpierre, & qui eſt monté à l'échafaud huit jours avant lui. Ce Tanquerey avoit tenté d'inſurger ſa commune contre la Convention nationale, en 1793, en raſſemblant les citoyens & les invitant de donner leur adhéſion aux arrêtés liberticides du département.

Sur cette explication eſt intervenu le jugement ſuivant: « Et, du 16 fructidor, an ſecond, &c. »

« Lecture priſe des pièces des parties, nous juge de

paix, de l'avis de nos assesseurs, considérant d'après, les circonstances, que la publicité donnée à la *note* qui fait le sujet de la contestation, ne provient point *de la volonté ni d'un dessein* de la rendre publique, mais seulement d'une imprudence grave de la part du citoyen Delalande; considérant encore que les citoyens Boulanger dans leurs moyens *ont quitté les bornes d'une honnête défense*, & se sont *en quelque sorte vengés*, nous avons condamné le citoyen Delalande en 10 l. *d'intérêts* (1) avec dépens, & à lui enjoint d'être plus circonspect, &c. »

Que prouve ce jugement? Il prouve que déja on avoit tenté tous les moyens, sous les prétextes les plus vains, pour exercer la réaction. Il prouve que le tribunal de paix, convaincu de l'innocence de Lalande, & de l'esprit de passion, d'animosité & d'injustice de ses délateurs, n'a pas eu le courage de faire triompher l'innocence de Lalande; mais en même-temps que je blâme un tel jugement, monument honteux de foiblesse, je rends du moins aux juges cette justice; ils n'ont pas perdu Lalande. *Graces leur soient rendues*!

Je rougis, citoyens Collègues, d'entrer dans des détails si minutieux, de vous citer des faits si peu dignes de votre attention.

S'il étoit besoin d'un dernier raisonnement pour achever de vous convaincre que cette *note* n'avoit aucun rapport avec la supposition d'une *liste de proscription*, qu'on lui prête, je poserois ce dilemme:

Ou Tanquerey méritoit la mort, ou Tanquerey a été victime de Robespierre. Dans le premier cas, Robespierre

(1) Le rapporteur du comité de sûreté générale, qui avoit la sentence sous les yeux, a mis dans son rapport, en 10 *livres d'amende*.

eût fait mettre à mort Lalande, pour avoir osé écrire qu'il correspondoit avec un traître à la patrie.

Dans le second cas, Robespierre eût également fait mettre à mort Lalande, pour avoir été assez téméraire d'écrire qu'il correspondoit avec l'une de ses victimes.

Quoi! Lomont, le district de Coutances écrit que des procès-verbaux prouvent que Nicole & Lalande sont des *faiseurs & colporteurs de listes de proscriptions!* tu imprimes la lettre qui annonce ces pièces, & tu ne fais point imprimer ces procès-verbaux! Pourquoi cette réticence? as-tu ces procès-verbaux? Non. Pourquoi? Parce qu'ils n'existent pas; mais tu as voulu servir la vengeance d'hommes acharnés, *per fas & nefas*, à la perte de ces citoyens.

Tu en imposes, Lomont, quand tu dis que le comité des cinq a été dissous par la société populaire de Coutances, pour avoir contribué à l'envoi d'une *charretée* de citoyens au tribunal révolutionnaire. L'arrêté de la société populaire, en date du 22 thermidor, arrêté que tu avois sous les yeux, porte littéralement que *la société considérant, que les motifs qui l'ont déterminée à former ce comité n'existent plus, arrête qu'elle rapporte son arrêté qui forme ce même comité.* Et le même procès-verbal, en date du 22 thermidor, porte que, sur quelques imputations faites à Lalande, qui présidoit alors, *la société, sur l'explication donnée par Lalande de sa conduite, passe à l'ordre du jour sur toutes espèces d'imputations particulières, & arrête qu'elle ne va s'occuper que des objets du bien public.*

Ce n'est pas Lalande, ce n'est pas le comité des cinq qui a proposé d'envoyer au tribunal révolutionnaire une charretée de citoyens. C'est par les ennemis de Lalande (1)

(1) Guerin, Boulanger et autres, Lalande étoit alors en mission dans le district de Valognes.

qu'ils ont été dénoncés, dans la société populaire, au représentant du peuple, qui s'est fait remettre les pièces authentiques contre eux; ce sont les ennemis de Lalande qui ont arrêté eux-mêmes ceux des accusés qui n'étoient pas encore détenus: un d'eux (Guerin) dénoncé pour avoir gardé des papiers, pour un des suppliciés, a été mis en arrestation, le 11 brumaire par ordre du représentant du peuple Bollet; il a été élargi depuis par le représentant Legot.

Le 27 nivôse, les administrateurs du district de Cherbourg attestent au comité de sûreté générale avoir vu, le 27 messidor, Lalande applaudir à l'envoi au tribunal révolutionnaire de neuf citoyens de leur district.

Quoi! c'est le 27 messidor que le représentant du peuple Lecarpentier a pris un arrêté par lequel il envoie au tribunal révolutionnaire neuf individus, arrêté où il est dit qu'il a pris cette mesure *après en avoir conféré avec les autorités constituées de Cherbourg!* & ces administrateurs, qui disent aujourd'hui que ces individus sont *innocens*, ont attendu au 8 brumaire pour le publier, c'est-à-dire, après l'élargissement de ces citoyens, & quatre mois après leur envoi au tribunal révolutionnaire! Leur registre porte-t il un arrêté à la date du 27 messidor contre cet acte de Lecarpentier? Non. Ont-ils protesté contre cet acte? Non: au contraire, ils déclarent s'être chargés de son exécution, & ils veulent qu'on les croie. Ont-ils écrit au tribunal révolutionnaire en faveur de ces citoyens? Non. Ont-ils écrit à la Convention nationale? Non encore. Disons vrai: ce sont eux qui ont induit Lecarpentier en erreur; & aujourd'hui que ces citoyens pour lesquels ils n'ont rien fait, & contre lesquels ils ont donné leur avis, ont été déclarés innocens, ils voudroient déverser l'odieux de leur lâche conduite sur Lalande qui n'a jamais connu ces hommes-là.

Il est facile de convaincre d'imposture les administrateurs du district de Cherbourg par le texte littéral même de leur déclaration du 8 brumaire, où ils *déclarent solemnellement & pour l'honneur de la vérité*, disent-ils, *qu'ils n'ont été consultés ni* COLLECTIVEMENT *ni* INDIVIDUELLEMENT *sur les principes moraux & politiques de ces neuf citoyens ; qu'il ne leur a été demandé aucuns renseignemens sur leur compte.*

La phrase qui suit prouve le contraire ; il y est dit : *que* QUELQUES-UNS D'ENTR'EUX *voulurent* MÊME *observer qu'*UN *de ces individus dont ils étoient persuadés de l'innocence, ne leur paroissoit pas mériter cette rigueur....*

Voilà donc ces administrateurs véridiques qui n'ont été consultés ni *collectivement* ni *individuellement*, & dont *quelques-uns* n'ont réclamé qu'*un* citoyen sur *neuf* qu'ils croyoient *innocens !*

Les administrateurs du district d'Avranches, qui se disent *des hommes probes, vertueux*, qui prétendent s'être montrés, dans tous les temps, *les amis de la vérité*, accusent Lalande d'inaptitude & d'immoralité. Pendant quinze jours qu'il a été dans leur district pour en reconnoître l'état, ils ont été, disent-ils, à portée de le connoître. Quoi ! c'est après quinze mois que ces hommes se plaignent de Lalande & ils veulent être crus ! La commune & la société populaire de Villedieu, même district, où Lalande & son collègue ont passé aussi quinze jours pour le même objet, pensent bien différemment : voici leur opinion (1). D'où vient

(1) En la maison commune de Villedieu, le 14 frimaire, an troisième de la République une et indivisible.

Nous maire et officiers-municipaux de la commune de Villedieu,

Certifions que les citoyens Lalande et Robine, administra-

cette différence ? c'est que les administrateurs du district d'Avranches & leurs amis qui ont séduit, égaré le peuple en 1793, le forcèrent presque d'exécuter le mesures du

---

teurs du département de la Manche, envoyés par le département le mois de frimaire, l'an deuxième de la République, en qualité de commissaires à l'approvisionnement de notre commune, y ont rempli leur commission avec assiduité, zèle et succès ; ont travaillé avec nous à la répartition du secours accordé par le représentant du peuple Jean-Bon-Saint-André aux familles indigentes des citoyens qui avoient été massacrés par les brigands de la Vendée.

Attestons enfin que la conduite desdits citoyens Lalande et Robine, dans notre commune, a été celle de bons républicains.

Suivent les signatures du maire, de sept officiers-municipaux et du secrétaire. Et en marge le cachet.

Collationné conforme,

Par nous président et secrétaire-général du département de la Manche.

Signé, Pepin, *président;* et Nicole, *secrétaire-général.*

Les soussignés, membres de la société populaire de la commune de Villedieu,

Certifient à tous ceux qu'il appartiendra, que les citoyens Lalande et Robine, administrateurs du département de la Manche, se sont comportés en vrais républicains lors de leurs séjour dans cette commune, en qualité de commissaires envoyés par le département pour faire approvisionner Villedieu, réduit à la plus affreuse disette. Lequel séjour a eu lieu dans le courant du mois de frimaire dernier.

Le présent certificat délivré auxdits Lalande et Robine, pour leur valoir ce que de droit.

Suivent trente-cinq signatures; à côté est le cachet de la société, empreint de cire rouge.

Certifié conforme.

Par nous président et secrétaire-général du département de la Manche.

Signé, Pepin, *président;* et Nicole, *secrétaire-général.*

Calvados (1), & que le peuple de Villedieu, qui ne s'est pas laissé séduire, est resté constamment attaché à la représentation nationale, & fidèle aux principes qui consacrent l'unité de la République.

Pourquoi, Lomont, ne parles-tu pas de la dénonciation du district de Valognes? tu l'as dans les mains; elle est pourtant plus virulente encore que les autres, elle désigne Lalande comme *un homme de sang*, *comme un des plus zélés suppots de l'exécrable Robespierre*, *comme un despote insolent qui ne connoissoit*, en matière de subsistances, d'autres moyens d'exécution que les *baïonnettes & la guillotine*, comme un homme qui devoit faire *fusiler* ceux qui n'exécuteroient pas ses ordres.

Tu connoissois, Lomont, la malveillance des administrateurs du district de Valognes & les pièces: voilà la raison de ton silence.

C'est au premier pluviôse que ces administrateurs attendent à dénoncer Lalande, sept mois après qu'il a été en mission chez eux: pourquoi tant de retard? pourquoi tant de haine?

C'est parce que, d'après des plaintes réitérées faite, à la commission de commerce, sur ce que les administrateurs du district de Valognes ne remplissoient point les requisitions qui leur avoient été faites pour la commune de Lisieux, dont les habitans périssoient d'inanition, Lalande fut envoyé à Valognes avec Robine, autre administrateur du département, destitué par Legot, & remplacé par Louvet, frère d'émigré (2); c'est parce

---

(1) A Avranches, il y eut un registre ouvert pour inscrire les noms de ceux qui voudroient marcher contre Paris. Deux administrateurs s'y inscrivirent.

(2) Le citoyen Robine, qui, le 25 juin, vota contre l'arrêté

que Lalande, P... [illegible] exécuter la loi, sans exercer [illegible] vexation, aucun emprisonnement, nonobstant le crime dont étoient coupables les administrateurs de Valognes.

L'arrêté de la commission du 26 prairial de l'an II, les lettres des 8, 9 & 11 messidor & 5 thermidor, de la commission & du département, imprimés ci-contre (1)

---

de l'assemblée départementale de la Manche, qui portoit que les représentans du peuple partiroient, fut rappelé par la société de Granville, qui l'avoit envoyé, et remplacé par un homme qui vota pour leur départ forcé.

(1) *Extrait du registre des délibérations de la commission de commerce & approvisionnemens de la République.*

Séance du 26 prairial, l'an 2 de la République française, une et indivisible.

La commission, vu l'arrêté du représentant du peuple Fremanger, portant réquisition au district de Valognes de fournir à celui de Lisieux un secours de 8000 quintaux de grains ; vu les différentes lettres écrites par la commission au district de Valognes, pour presser l'exécution de cette réquisition, *vu les réponses perpétuellement évasives du district de Valognes*, vu particulièrement son arrêté du 19 de ce mois, vu la lettre des administrateurs de Lisieux à leurs commissaires, en date du 23 prairial, vu enfin la lettre du directoire du département du Calvados, en date du 22 de ce mois ;

Considérant que les besoins du district de Lisieux sont extrêmes, que le district de Valognes *montre l'inertie la plus coupable à venir au secours de ses frères*, que des mesures extraordinaires doivent être prises sur-le-champ ; pour sauver Lisieux des horreurs de la famine, et *forcer le district de Valognes à satisfaire à ses devoirs*, arrête les dispositions suivantes :

juſtifient & *l'inertie & la mauvaiſe volonté* des administrateurs du diſtrict de Valognes, & *la bonne conduite* des citoyens Lalande & Robine, qui ont empêché le diſtrict de Liſieux *de mourir de faim.*

Mais aujourd'hui il faut ſe venger de ces deux admi-

ARTICLE PREMIER.

L'administration du département de la Manche se fera rendre compte, au reçu des présentes, des mesures que le district de Valognes a dû prendre pour l'exécution de l'arrêté du représentant du peuple Fremanger, portant réquisition au district de Valognes de fournir à celui de Lisieux huit mille quintaux de grains.

II.

Le département de la Manche fera délivrer *sur-le-champ* au district de Lisieux les huit mille quintaux de grains dont il s'agit.

III.

Pour l'exécution du présent arrêté l'administration dudit département est investie de toute l'autorité que la commission peut lui déléguer, en vertu de l'arrêté du comité de salut public du 3 nivôse.

IV.

Cette administration est autorisée à envoyer dans le district de Valognes, des commissaires, et *même la force armée*, s'il est nécessaire.

V.

Elle fera poursuivre *révolutionnairement* devant les tribunaux, et par-tout où besoin sera, tous les administrateurs, maire, officiers municipaux et fonctionnaires publics qui apporteroient quelques obstacles ou délai à l'exécution des arrêtés de la commission, ou aux mesures employées par le département, ou qui négligeroient de poursuivre les cultivateurs en retard,

nistrateurs fidèles à leur devoir, à la patrie, il faut qu'ils périssent à quelque prix que ce soit ; delà cette fureur réactive d'hommes ennemis de la patrie, de la révolution & du gouvernement.

---

et ceux qui se permettroient des motions, propos ou murmures contre les présentes dispositions.

V I.

Les administrateurs du département de la Manche demeurent *collectivement* et *individuellement* responsables de l'exécution du présent arrêté, et *de tout retard quelconque* dans la livraison des grains requis sur Valognes au profit de Lisieux ; ils rendront compte à la commission, dans le plus bref délai possible, des mesures par eux prises à cet effet.

Fait et arrêté à la commission, les jour et an que dessus.

Signé, le commissaire JOUENNAULT.

Certifié conforme.

Signé, REGNAULD, *président* ; et NICOLE, *secrétaire général.*

Coutances, 8 messidor, an deuxième de la République une et indivisible.

Les administrateurs du département de la Manche à leurs collègues Delalande et Robine, envoyés en commission.

Nous avons reçu, citoyens-collègues, trois lettres de vous en date du premier, du 2 et du 7 du présent : nous ne pouvons qu'approuver votre conduite, et applaudir aux mesures sages et fermes que vous avez prises pour remplir la mission que nous vous avons confiée.

Vous avez eu raison de rappeler aux administrateurs du district de Valognes que les pouvoirs dont la commission nous

Habit ns du district & de la commune de Lisieux, parlez, dites si vous ne devez pas votre existence, votre vie aux soins des patriotes Lalande & Robine. Et toi, Jouenne, député du Calvados, habitant de Lisieux,

---

a investis, et que nous vous avons délégués, ne vous donnoient pas le droit de les dispenser de la moindre réquisition, ni ralentir les mesures capables de faire exécuter la requisition faite par le district de Lisieux, mais vous imposoient au contraire le devoir impérieux, sous notre responsabilité collective et individuelle (responsabilité un peu plus sérieuse que celle à l'aide de laquelle on voudroit vous intimider), de faire livrer sur-le-champ au district de Lisieux les 8000 quintaux de grain dont il s'agit, et qui fait spécialement l'objet de votre mission. Nous ne pouvons donc sur cet article transiger, sous aucun prétexte, avec les devoirs qui nous sont imposés; il faut que la réquisition de Lisieux s'exécute. Mais, en même temps que vous poursuivrez avec vigueur les dispositions que vous avez prises à cet effet, nous nous ferons un devoir de faire des représentations à la commission, pour qu'elle décharge le district de Valognes de la réquisition destinée au département du Bec-d'Ambès : nous allons à cet effet nous concerter avec le citoyen Lecarpentier, que nous attendons avec impatience.

Salut et fraternité.

Signés, Pepin, Clément, C. F. Cabart, Y. Gauvain, et Nicole, *secrétaire-général*.

LIBERTÉ, ÉGALITÉ ET FRATERNITÉ

Paris, le 9 messidor, deuxième année républicaine.

La commission de commerce et approvisionnemens de la République, aux citoyens Delalande et Robine, administrateurs du département de la Manche, en mission à Valognes.

La commission, citoyens, a reçu votre lettre du 2 de ce mois, par laquelle vous lui rendez compte des mesures que

monte à cette tribune, & dis si Lisieux ne doit pas sa conservation à ces patriotes persécutés.

Tu dis, Lomont, que parmi les citoyens destitués à Coutances, qui ont de l'audace, on compte les citoyens Nicole

---

vous avez employées pour faire exécuter la requisition que le représentant du peuple Fremanger avoit faite au district de Valognes pour celui de Lisieux. Vous annoncez que non-seulement la réquisition pour Lisieux sera bientôt exécutée, mais que toutes les autres réquisitions adressées au district de Valognes pour les départemens et la marine, seront pareillement complètes sous peu de jours.

La commission s'empresse de vous payer le juste tribut d'éloges qu'elle doit à votre zèle et à votre énergie; elle vous invite fortement à continuer l'entreprise que vous avez commencée : faites exécuter toutes les réquisitions dont le district de Valognes a été frappé; la commission ne les a ordonnées que pour subvenir à des besoins réels et pressans : toutes doivent être remplies avec la plus scrupuleuse exactitude.

Poursuivez sans pitié les indolens, les égoïstes, les malveillans qui retarderoient, en quelque manière que ce seroit, la livraison des secours qui ont été accordés à leurs frères nécessiteux. La commission attend que vous lui annoncerez très-incessamment que le district de Valognes a livré tout ce qu'il étoit requis de fournir : alors vous aurez rempli votre mission en administrateurs vraiment révolutionnaires; vous aurez bien mérité de vos frères, vous aurez bien servi votre patrie.

Salut et fraternité.

Le commissaire, *Signé*, JOUENNAULT.

Vu et enregistré au district de Valogne, le 15 messidor, l'an deuxième de la Republique française une et indivisible.

Signé, ERNÉS, sous secrétaire.

Certifié conforme.

Signés, PEPIN, président, et NICOLE, secrétaire-général.

& Lalande. Oui, citoyens-collègues, ces citoyens ont de l'audace; mais c'est l'audace de la vertu indignée contre le crime insolent, audacieux & impuni.

Lomont, pour avancer tant d'assertions, il falloit avoir des preuves fournies par des hommes d'une probité, d'un civisme, d'un attachement constant & soutenu pour la

---

LIBERTÉ, ÉGALITÉ, VERTU ou LA MORT.

Coutances, ce 11 messidor, deuxième année de la République.

Les administrateurs du Département de la Manche, à leurs collegues Lalande et Robine, en mission à Valognes.

Nous vous avons déja prévenus, citoyens-collègues, par notre lettre du 8 messidor, que nous allions nous concerter avec le citoyen Lecarpentier pour aviser aux moyens d'obtenir en faveur du district de Valognes la distraction des réquisitions qui lui ont été faites pour le Bec-d'Ambès.

Nous nous sommes convaincus avec le représentant, en examinant le tableau de recensement de ce district, qui ne nous a été remis qu'avant hier, qu'il n'étoit pas en état de fournir des réquisitions aussi fortes et aussi multipliées que celles qui lui ont été adressés. Nous avons fait à cet égard, de concert avec le citoyen Lecarpentier, des représentations à la commission de commerce et approvisionnemens de la République, à laquelle nous avons adressé le résultat général du recensement de tous les districts du département. Mais provisoirement il faut obéir, c'est un devoir impérieux dont nous ne pouvons nous dispenser sans nous rendre coupables.

Nous ne pouvons donc qu'approuver de nouveau les mesures vigoureuses que vous prenez en ce qui concerne la réquisition destinée pour le district de Lisieux, qui fait l'objet de votre mission, d'autant plus que nous avons lieu de douter, dans le cas où la commission se porteroit à accorder au district de Valognes la distraction de quelques réquisitions, que celle de

révolution,

révolution, & non pas par des hommes nés ses ennemis, dont la plupart ont leurs parens émigrés ou déportés, par des hommes qui ont abusé de leur pouvoir, de leur crédit, pour induire en erreur les citoyens, en 1793,

---

Lisieux en fut du nombre. Nous présumons plutôt qu'il pourroit être dispensé de la fourniture destinée pour le Bec-d'Ambès, qui ne peut en effet arriver devant la récolte de ce pays.

Salut et fraternité.

Signé, Clément, Cabart, Pepin, Gauvain, etc.

Certifié conforme.

Signé, Pepin, *président*; et Nicole, *secrétaire*.

LIBERTÉ, ÉGALITÉ ET FRATERNITÉ.

Paris, le 5 thermidor, l'an deuxième de la République.

La commission de commerce et approvisionnemens de la République, aux citoyens administrateurs du département de la Manche.

La commission, citoyens-administrateurs, a reçu votre lettre du 25 messidor et un exemplaire de l'arrêté pris le 22 par l'administration du district de Valognes, pour parvenir au complément des réquisitions frappées sur ce district.

Elle se joint au représentant du peuple Lecarpentier, pour approuver les mesures énergiques et les sages dispositions qu'il renferme, comme il est important que cet arrêté ait un effet très-prompt, la commission a pensé que la présence de vos commissaires à Valognes pouvoit en accélérer l'exécution. Elle vous invite en conséquence à les charger de surveiller cette opération, et à ne point les rappeler qu'elle ne soit entièrement terminée.

Salut et fraternité.

Signé, Potonié, adjoint.

Certifié conforme.

Signé, Pepin, *président*; et Nicole, *secrétaire-général.*

pour leur faire mépriser la Convention nationale & désobéir à ses décrets, par des hommes qui, incarcérés pour ces délits, semblent n'être sortis depuis peu de prison, & n'avoir obtenu des places de Legot que pour exercer leurs vengeances & légitimer leur rebellion.

Je ne puis, citoyens-collègues, contenir ma juste indignation à la vue de tant de forfaits accumulés. Quand j'ai la certitude, la conviction que l'homme, que les citoyens que je défends, à qui l'on ne reproche que des faits faux & calomnieux, sont accusés par tous ennemis de la révolution, qui ont méconnu votre autorité; que dis-je? qui ont foulé aux pieds vos décrets.

Je suis indigné de voir des administrateurs, des officiers municipaux se permettre de parler au nom de leurs concitoyens, au nom du peuple, contre un citoyen honnête & vertueux qui a bien mérité de la patrie, qu'ils ont abandonnée dans les temps difficiles, je dirai plus, qu'ils ont trahie. Le peuple les désavoue: les adresses colportées contre Lalande & ses collègues, par qui sont-elles souscrites? Par des ennemis de Lalande, par des hommes ennemis de la représentation nationale & de l'indivisibilité de la République.

Je suis indigné quand je vois que l'homme sur lequel ils se sont acharnés n'est coupable à leurs yeux que pour avoir défendu la République & la représentation nationale, je dirai mieux, pour avoir fait son devoir.

Je suis indigné quand je vois ces hommes faire des dépenses extraordinaires, employer toutes les manœuvres de l'intrigue & de la perfidie pour perdre quelques citoyens, tandis qu'on leur a *pardonné* à eux les *crimes* dont ils sont *couverts*.

Je suis indigné quand j'entends un rapporteur du comité de sûreté générale dire à cette tribune que Lalande fut *un mauvais administrateur*, un homme de sang;

mais que rendu *à sa boutique*, & reprenant *sa varlope & son rabot*, il redeviendra *ce qu'il fut*, *un bon menuisier*, & qui plus est, *un bon citoyen* (1).

Vous serez vous-mêmes indignés, quand vous saurez que Lalande, à qui le conseil-général de la commune de Coutances a refusé un certificat de civisme, d'aprè des prétextes faux, calomnieux & insignifians, a réclamé avant sa destitution, auprès de votre comité de législation contre cet acte de despotisme municipal. Vous serez indignés enfin quand vous saurez que ce même conseil général a accordé des certificats de ci isme à tous ceux qui ont opprimé la représentation nationale, à ceux-là même qui ont voulu armer le peuple contre vous.

C'est le citoyen Personne notre collègue, qui est chargé du rapport de Lalande, il y a plus d'un mois.

C'est l'acte de justice que j'ai dit, dans ma motion d'ordre du 21 nivôse, que Lalande réclame auprès du comité de législation.

Je ne m'étois proposé en entamant cette discussion que de défendre un seul citoyen ; mais le rapporteur du comité de sûreté générale m'a forcé d'en défendre plusieurs. Je ne parlerai pas des citoyens Hervieu & Macé ; je ne les crois pas plus coupables.

Je puis attester que lors de notre mission dans le département de la Manche, Prieur (de la Marne) & moi, nous avons eu occasion de connoître les principes républicains des citoyens Hervieu & Macé ; Macé, vieillard respectable, âgé de près de quatre-vingt ans, suppléant à la Convention nationale, qui, le 25 juin 1793,

(1) Page 17 du rapport.

dans l'assemblée rebelle du département de la Manche, soutint l'autorité de la représentation nationale.

Hervieu sur-tout a mérité toute la haine des agens & des partisans de la rebellion Calvadosienne; ayant été chargé de faire contre-eux une information, où plus de quarante témoins, qui déposent de la manière la plus grave, ont été entendus, information dont une expédition a été envoyée par le département de la Manche, au comité de sûreté générale, qui en a accusé réception.

Eh ! qu'on ne dise pas ici que c'est une opinion particulière que j'ai voulu me former de Lalande. Que nos collègues, qui depuis deux ans ont été successivement en mission dans le département de la Manche, parlent. Que Bourdon de Loise, que Garnier de-Saintes, Lecarpentier, Prieur de-laMarne, qui ont signé avec moi, le 25 nivôse dernier, en faveur de Lalande, ce certificat honorable que je me plais à vous relire, parlent. Qu'ils disent ces dignes collègues, que Bouret, que Bollet, qui l'ont conservé dans sa fonction d'administrateur, pendant plusieurs mois qu'ils ont été dans le département de la Manche, disent, si Lalande est un être *immoral, despotique, sanguinaire, tyrannique, ignorant, mauvais administrateur, inapte à remplir des fonctions publiques* (1).

---

(1) Les représentans du peuple soussignés déclarent que dans le cours des missions qu'ils ont ensemble ou successivement remplies dans le département de la Manche, ils ont eu lieu de connoître sous les meilleurs rapports le citoyen Lalande, de la commune de Coutances, soit d'abord comme simple membre de la société populaire, soit depuis comme administrateur dudit département; ils certifient en outre savoir directement, ou avoir appris par des témoignages irrécusables, que dans le mois de juin 1793, vieux style, époque où l'insurrection connue

Telle est pourtant la peinture que Lomont a fait à la Convention nationale, d'un citoyen estimable; voilà comme d'un trait de plume il a fait la censure amère, irréfléchie de tous ceux de ses collègues qui ont devancé Legot dans sa mission.

Citoyens, c'est la réaction, oui, citoyens collègues, la réaction qui se propage dans le département de la Manche; c'est la fureur sanguinaire de la vengeance, ce sont les manœuvres d'hommes destitués en 1793, & remis en places par notre collègue Legot, qui poursuivent en ce moment les patriotes pour les perdre.

La Convention nationale n'auroit-elle donc abattu les tyrans, que pour changer de tyrannie? N'auroit-elle fait la révolution du 9 thermidor qu'en faveur des contre-révolutionnaires, & de ceux-là même qui ont méconnu & outragé la représentation nationale? Non, vous ne le permettrez point; vous ne souffrirez

---

sous le nom de *fédéralisme* se manifesta dans le département de la Manche, après avoir éclaté dans le Calvados: le citoyen Lalande fut le seul qui, dans l'assemblée des autorités réunies à Coutances, où il siégeoit comme député de la société populaire convoquée, eut le courage de se prononcer contre un arrêté qui violoit les droits et insultoit la dignité de la représentation nationale. Enfin les mêmes représentans déclarent que, d'après la connoissance qu'ils ont acquise des mœurs sévères, insi que du patriotisme prononcé dudit citoyen, ils le regardent omme un pur et constant ami de la liberté, qui a autant de roits à la protection du gouvernement, que de titres au ressentiment des divers ennemis de la République, qu'il a toujours u combattre avec autant de loyauté que d'énergie.

Paris, le 25 nivôse, l'an troisième de la République une t indivisible.

Signé, Bourdon (de l'Oise), Garnier (de Saintes), Lecarentier, L. Lecointre, Prieur (de la Marne).

pas qu'on assassine le patriotisme; qu'on l'immole à la rage des ennemis de la révolution. Je m'éleverai contr'eux, je les démasquerai, je demanderai qu'il soient eux-mêmes destitués & punis.

La justice impartiale, l'ardent amour de la vérité, tels sont & seront dans tous les temps les grands principes qui doivent animer & diriger la représentation nationale.

Citoyens mes collègues, si les citoyens Lalande, Nicole & Lecardonnel, qui ne demandent point de places, qui n'en ambitionnent aucunes, étoient coupables des crimes affreux énoncés dans le rapport du comité de sûreté générale & pièces y jointes, il falloit que le rapporteur demandât le renvoi de ces hommes, qui seroient des monstres, devant les tribunaux; mais les conclusions du rapporteur, qui ne tendent qu'à approuver la conduite de Legot, avant que Legot ait rendu compte de sa conduite, avant qu'il y eût un rapport sur les fonctionnaires par lui mis en place & sur tous ceux qu'il a destitués, ces conclusions me persuadent plus que jamais de l'innocence du citoyen Lalande & de celle de ses collègues; je vous demande, en leur nom, justice: que leurs têtes tombent sous le glaive de la loi, s'ils sont coupables des atrocités qui leur sont supposées, ou que leurs lâches calomniateurs éprouvent le même sort.

Signé, Lalande.

C'est alors, & seulement alors, que la justice sera véritablement à l'ordre du jour, car jamais on ne doit composer avec le crime, ni flétrir la vertu.

J'ai rempli mon devoir; j'ai justifié des hommes, de citoyens que j'ai cru, que je crois encore innocens.

Et vous, mes collègues, vous avez condamné, sans le

entendre, ces braves républicains; & vous ne reviendrez pas sur votre décret? La justice ne seroit-elle donc plus qu'un vain nom, comme du temps de Robespierre? Non, il n'en sera pas ainsi : j'attendrai constamment *le jour favorable*, *l'heure du berger*, qu'avec de bonne & solides raisons je prends souvent si mal; parce que je ne transige jamais avec les principes ni avec la justice.

Eh! quels sont donc les signataires de la lettre de la municipalité de Coutances? Quel est cet agent national de la commune, l'homme dont les fonctions sont le plus importantes? Le Breton, homme de loi membre de la société des Carabots, qui ont chassé les représentans du peuple de Coutances, société que vous avez anéantie par vos décrets. Quel est ce maire? Drogy, homme de loi, notable, destitué en 1793, (1) si acharnés à la perte de Lalande, frère d'un curé déporté, fanatique depuis la constitution civile du Clergé & membre de la société des Carabots. Quels sont les autres signataires? Closet, frère d'un chanoine déporté, ex-conseiller au ci-devant présidial, Carabot; Guyard aussi Carabot; Savary & Coulomb sont signataires d'arrêtés liberticides qui suspendent les pouvoirs des représentans du peuple; Chapel & Cabaret étoient tous dévoués aux prêtres non-sermentés; & le Dran enfin est un agent d'émigré qui, en 1792, pour soustraire au coup de la loi son commettant, ex-noble, ex-seigneur, riche de 30 mille livres de rente, prit pour lui, à l'administration du district de Coutances, une patente de *Marchand de tamis*. Le Dran a été incarcéré pour ce fait. Eh bien! tels sont les hommes placés par Legot.

Quels sont les signataires de la lettre du directoire du

---

(1) Voyez page 41, l'arrêté qui le suspend de ses fonctions.

district de Coutances envoyée par un courrier extraordinaire contre Lalande ? quel est l'agent national de ce district ? Duhamel, neveu du grand-pénitencier déporté, cousin-germain d'émigré; Duhamel, anciennement notaire, puis lieutenant-général de police, jusqu'à l'abolition de son office; Duhamel destitué en 1793, pour avoir participé à toutes les mesures de la rebellion calvadosienne (1); Duhamel qui a été incarcéré pour ce fait; Duhamel enfin condamné tout récemment au tribunal du district de Coutances, pour avoir méconnu sa signature.

---

(1) Nous représentant du peuple délégué par la Convention nationale dans le département de la Manche;

Considérant que tout fonctionnaire public, chargé d'exécuter ou faire exécuter la loi, devient indigne de ses fonctions, du moment qu'il en franchit les limites, et que c'est sur-tout lorsqu'une constitution républicaine va faire le bonheur du peuple français, qu'il est indispensable de ne laisser à leurs postes que des fonctionnaires religieux observateurs des lois et amis prononcés de la République une et indivisible, en vertu des pouvoirs à nous donnés et spécialement aux termes des articles VI et VII du décret du 16 août dernier.

Avons, après avoir examiné les procès-verbaux des séances du département de la Manche, depuis le 12 jusqu'au 28 juin, et après avoir réuni d'autres renseignemens et informations des envoyés des assemblées primaires et d'autres citoyens du patriotisme, et des lumières desquels nous nous sommes environnés;

Arrêté que les citoyens *Duhamel*, *le Ballard*, et *le Brun*, président et juge du tribunal du district, tant à cause de leur adhésion aux arrêtés illégaux et liberticides du département de la Manche que par d'autres considérations, sont provisoirement suspendus de leurs fonctions.

Signé, LECARPENTIER.

Coutances, ce 12 septembre 1793, l'an deuxième de la République.

Quels sont les membres du directoire? Le Cervoisier, ex-administrateur du département, destitué en 1793, pour avoir participé aux manœuvres de la rebellion calvadosienne; Pezeril, frère de prêtre déporté, &c. Eh! voilà les hommes qui accusent Lalande, qui accusent ce citoyen parce qu'il a eu le courage de résister aux intrigues des Canibals du Calvados! voilà les hommes que le repréentant du peuple Legot met en place!

Enfin Legot, contre l'esprit de vos lois & le vœu du gouvernement, vient de donner la direction de la poste aux lettres de Cherbourg, à la veuve de Leroi, ancien directeur qui vous fut dénoncé en 1793, par le conseil exécutif, comme un agent infidèle, prévaricateur dans ses fonctions & contre-révolutionnaire, agent contre lequel, après une longue discussion, vous rendites un décret qui le renvoya au tribunal révolutionnaire où il fut condamné à mort, convaincu d'après ses aveux & ses écrits, *d'avoir donné* (ce sont ses termes) les bulletins de la Convention nationale & autres papiers destinés pour les représentans du peuple auprès des armées, en échange de *différens objets utiles à sa maison* (du sucre & du café).

Que cette femme qui connoissoit la malversation de son mari, ait besoin de secours & qu'elle en obtienne, l'humanité sollicitoit de Legot un acte de la bienfaisance nationale; mais ce représentant a-t-il pu conférer à cette femme une fonction qui exige la délicatesse la plus scrupuleuse, la probité la plus sévère? Non. Eh! quel homme une telle directrice a-t-elle pris pour la seconder dans son importante fonction? son frère, jeune homme de 21 ans, échappé à la première réquisition, ayant abandonné les drapeaux de la République; Legot connoissoit l'état de cette femme; Legot connoissoit votre décret pour lequel *il a voté*, il connoissoit le jugement de Leroi; & Legot n'a pas craint de s'ériger à la-fois en censeur, en réformateur du jugement, de votre décret & des lois qui ne permettent point aux femmes d'occuper de pareilles places, sur-tout dans un poste aussi important que l'est Cherbourg, en ce moment.... que des réflexions!....

D'après ces tableaux trop fidèles & trop vrais, n'est-il pas visible à l'œil le moins observateur & le moins attentif, que Legot semble avoir pris à tâche de ne placer que des pères, des frères, des femmes, des parens d'émigrés, de condamnés, de déportés, des incarcérés, des destitués. Celui qui remplace Lalande est de ce genre; (voici l'arrêté qui l'avoit suspendu de ses fonctions en 1793 (1); voici sa nomination par le représentant du

---

(1) Nous représentant du peuple délégué par la Convention nationale dans le département de la Manche;

Considérant que la magistrature municipale est investie de l'honorable attribut d'exciter immédiatement le patriotisme des citoyens, par l'exemple des vertus civiques et de l'entretenir par la stricte observation des lois, ne peut être conservée à des hommes qui, par leurs actions ou par leurs sentimens, sont trop évidemment au-dessous de cette importante et auguste fonction;

Après avoir entendu les envoyés des assemblées primaires et les autres citoyens appelés par nous;

Avons en vertu des pouvoirs à nous donnés, et notamment aux termes des articles VI et VII du décret du 16 août dernier;

Arrêté que les citoyens *Lebastard*, le jeune, *Savary*, etc. officiers-municipaux, et *Paquet*, procureur de la commune de Coutances, ainsi que les citoyens *Larue* et *Drogy*, notables de ladite commune, sont provisoirement suspendus de leurs fonctions, etc.

Signé, LECARPENTIER.

Coutances, 13 septembre 1793, l'an deuxième de la République.

peuple Legot, à l'époque du 14 nivôse dernier (1) : il semble que Legot n'a placé de tels hommes que parce que les uns ont provoqué de porter les armes contre la patrie, parce que les autres ont signé, colporté des actes de rebellion contre la Convention nationale, qu'afin de fournir à ces individus l'occasion de déverser la honte & l'opprobre sur les patriotes qui ont le mieux servi la révolution, sur les patriotes dont la conduite ne s'est jamais démentie, & de leur donner par là les moyens de réaction & de vengeance qu'ils ont eu le temps de méditer depuis le commencement de la révolution, dont ils sont nés les ennemis.

Eh ! dans quel pays, citoyens-collègues, Legot fait il de semblables operations? dans un département où l'on compte plus de trois mille familles de déportés, de

---

(1) Coutances, le 14 nivôse, an 3 de la République française une et indivisible.

Legot, représentant du peuple envoyé dans le département de la Manche.

Sur les renseignemens qui nous ont été donnés sur le civisme, la moralité et l'aptitude du citoyen Paquet Beauvais, ex-procureur de la commune de Coutances, nous l'avons provisoirement nommé pour remplir les fonctions de président du département de la Manche, au lieu et place du citoyen Lalande, que nous avons destitué par notre arrêté de ce jour, en joint au plus ancien des membres du département de le faire sur-le-champ installer en cette qualité.

Signé, LEGOT.

Certifié conforme.

P[illegible]IN, *président*; et NICOLE, *secrétaire*.

condamnés, d'émigrés, une foule de fanatiques & d'hommes à privilèges proscrits par la nature, mais enracinés plus que dans toute autre partie de la République sur d'antiques & barbares usages.

Vous dirai-je que ces émigrés, ces déportés qui n'ont jamais quitté les isles de Jersey & de Guernesey, passent & repassent aujourd'hui librement du sol anglais sur le territoire républicain? croyez-vous que ces autorités nouvellement constituées, auront la force, auront la volonté de faire exécuter vos lois contre leurs pères, leurs frères, leurs enfans, leurs parens enfin, qui n'attendoient peut-être que cette occasion pour déchirer le sein de leur patrie, en se joignant au rebelle Wimphen & aux Anglais, depuis long-temps stationnés sur ces côtes?

Je suis loin cependant d'attribuer à malveillance la conduite de notre collègue Legot dans le département de la Manche; je le regarde seulement comme un homme aveuglé, égaré par l'amour du pays qui l'a vu naître; s'il eût été envoyé en mission dans un autre département qui ne fût point de la ci-devant Normandie, les vues d'une saine & juste politique ne lui auroient jamais permis d'en user ainsi.

C'est ainsi, citoyens, que lorsque l'on s'écarte des lois réfléchies dans le calme, qui ne veulent point qu'un représentant puisse être délégué dans son pays, on l'expose à commettre, même malgré lui & avec de bonnes intentions, les plus grandes fautes.

Eh! certes, citoyens, si les représentans du peuple n'avoient pas des pouvoirs illimités, & qu'ils fussent tenus de recevoir des instructions de votre comité de salut public, ce comité eût-il pu donner l'ordre à Legot de placer dans les fonctions publiques les hommes que je vous dénonce? Non, la responsabilité que vous ne voulez plus aujourd'hui qui soit un vain mot, eût arrêté le comité de salut public.

Arrêtez, arrêtez vous-mêmes, il en est temps, ces pouvoirs illimités, qui de plusieurs de nos collègues n'en ont fait que des tyrans.

Oui! les pouvoirs illimités, c'est une coupe fatale dans laquelle il est presque impossible de boire sans en être empoisonné.

Eh quoi! des hommes que vous investissez de ces monstrueux pouvoirs, à l'heure même & de Paris, envoient leurs ordres absolus, je dirois tyranniques, dans les départemens qui leur sont assignés, pour annuller, casser & détruire ce que leurs prédécesseurs, qui quelquefois ne sont pas de retour, viennent d'établir.

Qu'on ne dise pas ici que c'est prévention ou calomnie; j'en ai la preuve authentique en main, je la tais par prudence, parce qu'il suffit que cet abus se soit commis, ne fût-ce qu'une seule fois, pour que vous preniez les mesures les plus sévères.

Eh! que faisoient donc ces ci-devant gouverneurs, ces intendans de provinces? Ne prétendoient-ils pas gouverner, du sein des spectacles & des plaisirs de Paris? Le peuple français n'auroit-il donc abattu ses anciens tyrans que pour passer sous une autre & plus dangereuse domination? car enfin ces gouverneurs, ces intendans, quelqu'arbitraire qu'ils exerçassent, n'avoient pas de pouvoirs illimités.

Citoyens, je dois vous le dire, mon devoir me l'ordonne, il est temps que le peuple français soit dégagé de tout arbitraire qui pèse sur sa tête. Assez & trop long-temps l'abus des pouvoirs illimités a couvert la surface de la France de crimes & de malheurs. Qu'ils soient anéantis à jamais ces pouvoirs funestes, ou qu'ils soient tellement circonscrits, & départis pour des cas si extraordinaires, qu'il ne puisse en résulter d'abus.

Déja par votre décret du 21 nivôse, vous avez chargé vos comités de salut public, de sûreté-générale & de législation réunis, de vous proposer dans le courant *de la décade*, un projet de loi qui dégage de l'arbitraire tout fonctionnaire public qui auroit été censé avoir encouru la peine de suspension ou de destitution.

Un mois & plus s'est écoulé, & aucun rapport ne vous a été fait; tout arbitraire est une tyrannie. Où la tyrannie règne, il n'existe pas de justice.

Le peuple veut des lois, le peuple veut un gouvernement fixe, il veut une garantie de son bonheur, de sa fortune, de son repos, de sa liberté. Nous la lui devons; tarder est un crime. Oui le peuple veut que la justice triomphe, que le crime soit puni & que nul acte arbitraire ne pèse sur aucun citoyen. Le peuple veut que tous les partis se taisent devant sa souveraineté; il ne souffrira point que la tyrannie change de places, de formes, ni d'individus.

Mandataires du peuple, l'histoire nous offre de grandes & terribles leçons, elle nous présente les passions réveillées & punies tour-à-tour; l'ambition élevée sur les ruines des droits du peuple, bientôt après abattue.

Il est temps que les espérances du peuple reçoivent un terme assuré, il est temps que la constitution *démocratique* que nous avons tous jurée soit mise à exécution. Le peuple français ne l'a pas consentie, vous-mêmes vous ne l'avez pas proclamée, pour qu'elle reste stérilement enfermée dans une arche isolée & méconnue. Quel temps fut en effet plus favorable, plus prospère, plus opportun, pour donner au peuple ce bienfait que nous lui devons? La victoire, à l'ombre de nos drapeaux, parcourt les Alpes, les Pyrénées, le Rhin, & les deux mers; au-dedans, le génie des arts, le commerce, l'industrie nationale s'éveillent, & n'attendent plus pour se développer, que l'instant fortuné où chaque citoyen pourra lire dans les places & les lieux publics, ses droits, qui vivent toujours dans son cœur, & qu'alors il ne réclamera plus en vain.

La malveillance d'un côté, citoyens, accuse le gouvernement d'anarchie & de despotisme; de l'autre, l'esprit d'inquiétude, d'anxiété, croit s'appercevoir qu'il incline à l'oligarchie: on cite même l'époque malheureuse & trop mémorable où la démocratie, décroissant dans Athènes, y fit place à l'oligarchie; on dit que sous ce rapport, le passé est le précepteur du présent. On apporte pour preuve les traits suivans.

Parallèle entre ce qui s'est passé dans la République d'Athènes, & ce que l'œil attentif de l'observateur croit appercevoir aujourd'hui dans la République française.

RÉPUBLIQUE FRANÇAISE.	RÉPUBLIQUE ATHÉNIENNE.
Les journées des 31 mai, premier et 2 juin 1793, ont trop marqué dans la révolution française, pour que tôt ou tard elles n'élevassent pas de funestes prétentions et ne causassent les plus grands malheurs, aussitôt que le parti qu'elles avoient atterré trouveroit le moment de relever la tête. Depuis la journée du 10 août 1792, qui avoit vu abattre le trône, et plus encore depuis celle du 21 janvier 1793, qui n'avoit vu abattre la tête du tyran, qu'après trois mois de violens débats et une scission scandaleuse dont les oscillations	« Alcibiade, chassé d'Athènes par le peuple, résolut d'y rentrer. Dans ce dessein, il se ménagea des intelligences avec les grands, les puissans & les riches d'Athènes : averti de tout ce qui se passoit chez les Athéniens, il envoya secrètement à Samos, vers les principaux d'entre eux, pour sonder leurs sentimens, & pour leur faire entendre qu'il n'étoit pas éloigné de retourner à Athènes, pourvu

semblent se faire sentir encore, on eût dit que la tyrannie vaincue ne devoit jamais reparoître. Le peuple attendoit, desiroit, demandoit avec impatience une constitution démocratique qui fît son bonheur et remplaçât la charte constitutionnelle monarchique ; mais des hommes aveuglés par l'orgueil, séduits par l'amour insensé de la domination, contristés de ce que leur parti n'eût pas triomphé (le *projet de sauver les jours du tyran*) reprirent leur marche entravèrent pendant quatre mois toutes les délibérations. Le bien public fut oublié, toutes les passions furent mises en mouvement. La Convention nationale fut de nouveau divisée en deux partis, totalement distincts et séparés : tous deux soutinrent qu'ils vouloient le bonheur du peuple, mais par des routes différentes. L'un prétendoit que de tous les gouvernemens c'étoit le démocratique qui étoit le meilleur ; que c'étoit à l'énergie du peuple qu'on devoit la liberté et d'avoir abattu les rois ; l'autre parti prétendoit que le gouvernement des grands, des puissans et des riches étoit le seul qui convînt au génie français. Delà ces projets de constitution tous plus ridicules les uns que les autres, et qui décélèrent aux moins clairvoyans, que les chargés de ce travail ne vouloient point du gouvernement populaire, mais qu'on donnât l'administration de la République aux grands & aux puissans, & non pas *à la vile populace* qui l'avoit chassé. Quelques-uns des premiers officiers partirent de Samos dans le dessein de concerter avec lui les mesures qu'il étoit à propos de prendre pour faire réussir cette entreprise. Il promit de procurer aux Athéniens, non-seulement l'amitié de Tissapherne, mais encore celle du roi *de Perse*, à condition qu'on aboliroit la *démocratie*, c'est-à-dire, le gouvernement populaire, parce que le roi prendroit plus d'assurance sur la parole des grands, que sur celle d'un peuple inconstant & léger. »

« Les députés prêtèrent volontiers l'oreille à ses propositions, & conçurent de grandes espérances de *se décharger* eux-mêmes d'une partie *des impositions* publiques, parce qu'étant les plus riches, ils étoient aussi les plus foulés, & de rendre leur patrie triomphante, après s'être emparés du gouvernement. »

» A

bien un gouvernement pour eux, ou qu'ils préféroient à un gouvernement populaire bien ordonné, même l'anarchie qui raméneroit nécessairement le despotisme.

Une commission des douze fut organisée : elle abuse de ses pouvoirs ; elle emprisonne arbitrairement ; elle décrète une foule de citoyens ; la Convention nationale s'en apperçoit, la lutte la plus forte s'établit entre les membres des deux partis. Le peuple pour résister à l'oppression se met en insurrection le 31 mai 1793 ; le pouvoir est arraché à ces premiers tyrans qui composoient la commission des douze, par un décret à jamais mémorable, qui consacre la sûreté des personnes et des propriétés, et le maintien de la tranquillité publique, qui, enfin, fixe au 10 août une fédération générale républicaine.

Le premier juin la Convention nationale fait une proclamation au peuple français, et lui rend compte des mouvemens qui ont eu lieu dans Paris, (1) elle dit » que les sections d'une » ville qui s'est insurgée deux » fois avec tant de gloire, se » sont levées encore lorsqu'elles

« A leur retour, ils commencèrent par gagner ceux qui étoient les plus propres à entrer dans leur dessein ; puis ils firent répandre parmi les troupes, que le roi paroissoit disposé à se déclarer en faveur des Athéniens, & à payer l'armée, à condition qu'on rétablît Alcibiade & qu'on abolît le gouvernement populaire. Cette proposition étonna d'abord les soldats, & trouva de l'opposition dans la plupart ; mais l'appât du gain & l'espérance d'un changement qui leur seroit utile, adoucit bientôt ce qu'elle avoit de dur & de choquant, & les fit passer jusqu'au desir violent de rappeler Alcibiade. »

« Phrynique, l'un des chefs, jugeant, comme il étoit vrai, qu'Alcibiade se soucioit aussi peu de l'oligarchie que de la démocratie, & qu'en décriant la conduite du peuple il ne cherchoit qu'à se mettre dans les

---

(1) Mon récit est d'autant plus impartial, que j'étois alors en mission. Je ne connois la révolution du 31 mai, que par les décrets de la Convention nationale, les feuilles publiques et l'assentiment de la nation, qui a fixé le mien.

« ont cru *les droits de l'homme* » *violés* ; mais qu'avant de se » lever, toutes les personnes » et les propriétés ont été mises » sous la sauve-garde des bons » républicains; que si le tocsin » et le canon d'alarme ont re- » tenti, du moins aucun trou- » ble, aucune terreur, n'ont été » répandus ; que la liberté des » opinions s'est encore montrée » dans la chaleur même des » débats de la Convention ; » qu'enfin les citoyens pétition- » naires en demandant le re- » dressement de leurs griefs » avec quelques exagérations » inséparable du zèle civique, » mais avec cette fierté qui ca- » ractérise l'homme libre, ont » juré de mourir pour le main- » tien de la loi, pour l'unité » et l'indivisibilité de la Répu- » blique, et pour la sûreté de la » représentation nationale. »

Mais les chefs, les principaux moteurs de la commission des douze qui vouloient régner, croyoient leur pouvoir assez solidement affermi, parceque, depuis long-temps, ils avoient travaillé le peuple dans nombre de départemens, après s'être assuré des administrateurs qui se prêtèrent d'autant plus volontiers à leurs desirs, à leur manége, qu'ils crurent se perpétuer dans leurs places sans avoir besoin des vœux du peuple, pas même de celui de la Convention. Delà cette force armée départementale, bonnes graces des nobles pour se faire rétablir, eut la hardiesse de s'opposer aux résolutions qu'on vouloit prendre. Il représenta que le changement qu'on méditoit pourroit bien exciter une guerre civile qui causeroit la ruine de l'état ;.... que ce changement ne retiendroit pas les alliés dans le devoir, & n'y feroit pas rentrer ceux qui en étoient sortis, par ce qu'ils aimeroient encore mieux leur liberté; que le gouvernement d'un petit nombre d'hommes riches & puissans ne seroit pas plus favorable aux citoyens ou aux alliés, que celui du peuple, parce que c'étoit l'ambition qui causoit tous les maux dans une république, & que c'étoient les riches qui excitoient tous les troubles, pour leur aggrandissement; qu'il se faisoit plus de violences dans un état sous la domination des grands, que sous celle du peuple, dont l'autorité les tenoit en bride, & servoit d'asyle à ceux qu'ils vouloient opprimer.... Ces remontrances, quelque sages qu'elles fus-

qui déjà de presque tous les points de la République marchoit sur Paris, pour accomplir la prophétie de sa destruction totale; et le peuple trompé par ses chefs, par les administrateurs, croyoit venir à une fête, pour fraterniser avec ses frères et leur prêter les secours de l'amitié contre quelques intrigans, lorsqu'au contraire, il étoit sur le point d'être victime de ces hommes perfides qui vouloient l'empire pour eux, et non pas pour le peuple et pour son bonheur.

La Convention nationale informée de cette rebellion à force armée, avoit décrété d'arrestation plusieurs de ses membres. Les plus perfides, les plus séditieux, pour empêcher leurs desseins d'avorter, avoient échappé à l'œil vigilant de leurs gardes, à la surveillance des comités; ils partirent, ils levèrent ouvertement l'étendard de la révolte, dans les départemens qu'ils soulevèrent: là ils passèrent de la tribune dans les camps; à la suite des armées, et à l'exemple des Sylla, des Marius, des Catilina, des Cromwel, ils portèrent le fer et le feu jusqu'à 15 lieues de Paris.

Le pays qui fut plus aisément dupe de leurs artifices fut le département du Calvados; sa position, la mer qui baigne ses côtes, son voisinage avec l'Angleterre, une armée qui

sent, n'eurent aucun effet. Pisandre fut envoyé à Athènes avec quelques-uns de la même faction, pour proposer le retour d'Alcibiade, & l'alliance de Tissapherne, avec l'abolition de la démocratie. Ils firent entendre qu'en changeant de gouvernement, & en rappelant Alcibiade, on tireroit du roi de Perse de puissans secours, qui seroient un moyen sûr de triompher de Lacédémone. A cette proposition, le grand nombre se récria, & sur-tout les ennemis d'Alcibiade. Ils alléguoient, entr'autres raisons, les imprécations & les exécrations prononcées.... contre Alcibiade, & même contre ceux qui proposeroient de le rappeler. Mais Pisandre s'avançant parmi la foule, leur demanda s'ils savoient quelqu'autre moyen de sauver la république dans le triste état où elle étoit réduite. Et comme ils avouoient que non, il ajouta qu'il s'agissoit de sauver l'état & *non pas l'autorité des lois*, auxquelles on pourroit prévoir dans la suite; mais que pour

s'y levoit; des vivres, des sommes en abondance, de l'artillerie qui arrivoit de toutes parts, des richesses immenses, accumulées par l'avantage de la révolution pour ce pays, qui loin d'avoir fait aucune perte, a plus gagné depuis trois ans, qu'autrefois en dix années : tous ces motifs avoient déterminé les Buzot, les Pétion, les Barbaroux, les Gorsas, les Henri Larivière, les Doulcet-Ponte-Coulant, Louvet, Salles, Lanjuinais et tant d'autres, a faire de la ville de Caen le siége principal de leur révolte.

Un général, Wimphsen, (baron allemand), marié à Bayeux, qu'une partie des députations de la Manche et du Calvados étoit parvenue à faire nommer commandant de l'armée des Côtes de Cherbourg, fut le général sur lequel les révoltés jetèrent les yeux, et dont ils s'étoient assurés depuis long-temps, pour le déclarer leur généralissime. Un des premiers exploits de ce général, avec sa garde affidée, connue sous le nom de *carabots*, fut l'arrestation et l'emprisonnement des représentans du peuple Romme et Prieur de la Côte-d'Or, (le 9 juin 1793); il présida en personne à cette expédition, et de Bayeux il les fit conduire dans la tour de Caen. Alors les autorités constituées du Calvados, de l'Eure, de l'Ille-et-

le présent, c'étoit là l'unique voie de parvenir à l'amitié du roi & à celle de Tissapherne. Quoique le changement déplut fort au peuple, il y consentit à la fin, dans l'espérance de rétablir un jour la démocratie, comme Pisandre le promettoit, & ordonna qu'il iroit, suivi de dix députés, traiter avec Alcibiade & Tissapherne : & cependant Phrynique fut révoqué, & l'on en nomma un autre à sa place pour commander la flotte.

» Les députés ne trouvèrent pas Tissapherne aussi bien disposé qu'on le leur avoit fait espérer. Il craignoit les Péloponésiens, mais il ne vouloit pas rendre ceux d'Athènes trop puissans. Sa politique étoit, selon le conseil d'Alcibiade, de laisser les deux partis toujours en guerre pour les affoiblir & les consumer l'un par l'autre. Il se rendit fort difficile. Il demanda d'abord que les Athéniens lui abandonnassent toute l'Ionie; ensuite qu'ils y ajoutassent les isles voisines; & quand on lui eût accordé ses demandes, il

Vilaine, de la Mayenne etc., firent prendre les armes à leurs administrés; le département de la Manche dans ses administrateurs dont les principaux meneurs étoient Perrochel, ex-noble, membre du comite militaire de Wimphsen, Chantereyne, procureur-général-syndic, et Pontas Dumery qui fut chargé de présenter à l'adhésion de la force armée commandée par le général Tilly, les arrêtés liberticides des administrations du département, et qui fut repoussé par ce général; le département de la Manche dans ses administrateurs fut infesté de l'esprit de rebellion. Mais le peuple en masse résista dans ce département comme dans quelques autres: cependant les représentans du peuple en furent *chassés de vive force.*

Les peuples aveuglés par de nouveaux tyrans, dirigèrent en corps d'armée leur marche sur Paris, pour exécuter la prédiction d'Isnard, *que Paris seroit rayé de la République, et que bientôt le voyageur étonné chercheroit sur les rives de la Seine, où Paris avoit existé.*

Des commissaires, des courriers, sont envoyés dans tous les chefs-lieux de département, solliciter la réunion à cette ligue pour détruire Paris. Caille, procureur-syndic du district de Caen, Destanges, curé de Caen, le marquis de Puisaye, chef

exigea encore dans une troisième entrevue qu'on lui permit d'équipper une armée navale & de courir les mers de la Grèce, ce qui étoit formellement défendu par le célèbre traité conclu sous Artaxerxe. Alors on rompit avec colère, & les députés reconnurent qu'Alcibiade les avoit joués.

» Tissapherne, sans perdre de temps, conclut un nouveau traité avec les Péloponésiens. On y réforma ce qui avoit déplu dans les deux précédens. L'article par lequel on cédoit à la Perse généralement tous les pays que Darius actuellement régnant, ou ses prédécesseurs, avoient possédés, fut restreint aux provinces de l'Asie.

» Pisandre, de retour à Athènes, trouva les choses bien avancées pour le changement qu'il avoit proposé en partant, & il y mit bientôt la dernière main. Pour donner une forme à ce nouveau gouvernement, il fit nommer dix commissaires *avec un pouvoir absolu*, qui devoient *pourtant*, dans un temps *marqué*, rendre

de l'état-major-général de Wimphfen, sont députés vers l'administration du département de la Manche. La majorité des membres et des autorités constituées de ce département, soutenue de la faction des nobles, des prêtres, des parens de déportés, d'émigrés, jurent fidélité au général Wimphfen, le rétablissent dans ses fonctions dont il venoit d'être destitué; mais le peuple de la Manche refuse de marcher en armes, et de faire sa jonction à l'armée calvadossienne.

Les autorités accordent passage et des vivres aux bataillons d'Ille-et-Vilaine, du Morbihan, du Finistère, etc. Alors le grand conseil formé à Caen, présidé par Buzot, Pétion, Barbaroux, Henri-Larivière, etc. ordonne que les caisses publiques soient saisies, que les magasins de vivres et d'armes soient mis à leur disposition, que les subsistances qui passeroient pour Paris, soient arrêtées et confisquées.

Bougon-Longrais, procureur-général-syndic du département du Calvados, Caille et Desanges, sont chargés de pourvoir à ces soins anti-civiques. On connoît le zèle avec lequel ils s'en sont acquittés. L'ordre est donné à Wimphfen de faire marcher ses colonnes sur Paris. Il part

La Convention informée de cette rebellion, ordonne à

compte au peuple de ce qu'ils auroient fait.

» Quand ce temps fut expiré, ils convoquèrent l'assemblée. On commença par statuer qu'il seroit permis à chacun de proposer ce qu'il lui plairoit, sans qu'on pût l'accuser d'avoir violé les lois, ni lui faire rien souffrir en conséquence. *Ensuite il fut arrêté qu'on formeroit un nouveau conseil, qui seroit maître des affaires, & qui éliroit de nouveaux magistrats*.... Pour cet effet, on établit cinq présidens qui nommèrent cent hommes, dont ils faisoient partie; & chacun d'eux en choisit & en associa trois *à sa volonté*, ce qui faisoit en tout quatre cents, *auxquels on donna un pouvoir absolu*. Mais pour amuser le peuple & le consoler par un ombre de gouvernement populaire, pendant qu'ils établissoient une véritable oligarchie, il fut dit que ces quatre cents appelleroient au conseil cinq mille citoyens, *quand ils le jugeroient à propos*. Le conseil & les assemblées du peuple se tenoient à l'ordinaire;

Wimphsen de paroître à la barre, ou qu'il y sera traduit. Ce général répond au décret qu'il y sera sous peu de jours, à la tête de soixante mille Normands et Bretons. Il est mis hors la loi, ainsi que les Buzot, Caille, Bougon-Longrais, etc.

L'avant-garde de l'armée de Wimphsen, commandée par Puisaye, pénètre jusqu'à Passy et près de Vernon, à dix-huit lieues de Paris. Une action s'engage; les soldats de Wimphsen qu'on avoit trompés en leur disant qu'on les faisoit marcher à Paris pour fraterniser, se debandent aux premières volées de canon; ils rejoignent le gros de l'armée; ils députent à Evreux, aux représentans du peuple qui venoient de s'y rendre. Le représentant Robert Lindet éclaire ces citoyens égarés; ils promettent de se retirer chez eux; ils abandonnent leurs chefs. Wimphsen s'enfuit aux îles de Jersey, cacher sa douleur et sa honte, en attendant qu'avec la protection du despote anglais, et par ses intelligences dans l'intérieur, il puisse de nouveau porter le fer et le feu dans sa patrie.

Les députés traîtres et parjures, qui avoient armé leurs concitoyens les uns contre les autres, fuient de toutes parts; quelques uns arrêtés, subissent la juste peine due

mais rien ne se faisoit pourtant que *par l'ordre* des quatre cents. C'est ainsi que le peuple d'Athènes fut dépouillé de sa liberté, dont il jouissoit depuis près de cent ans qu'il avoit aboli la tyrannie des *pisistratides*.

Après que ce décret fût passé *sans contradiction*, & que l'assemblée fût séparée, les quatre cents *armés de poignards*, & accompagnés de cent vingts *riches*, & *brillans jeunes hommes*, qui au lieu d'être à leur poste à Samos, les uns sur les vaisseaux de la République, les autres dans les armées de terre, étoient accourus ou restés dans Athènes, pour y faire triompher l'oligarchie, les quatre cents avec cette jeunesse athénienne, dont ils se servoient lorsqu'il falloit faire quelque exécution, entrèrent dans le sénat, égorgèrent les sénateurs qui voulurent résister, & contraignirent les autres de se retirer, après leur avoir payé ce qui leur étoit dû de leurs appointemens. Ils nommèrent de nouveaux magistrats tirés de leurs corps, observant dans

au crime de rebellion armée; les autres attendent dans l'obscurité, une occasion plus favorable, ou qu'un décret d'oubli de leurs forfaits leur permette de vivre tranquillement chez eux.

La Convention a rendu ce décret (1); et ils ne sont pas contens. Leurs complices s'agitent encore dans l'ombre, pour les ramener triomphans au milieu du sénat. Je ne verrai point, non je ne verrai point, ce jour d'iniquité affliger mon pays. Je ne souffrirai point, aucun de nous ne souffrira que des hommes qui, la torche et le poignard à la main, ont parcouru la République ensanglantée et fumante sous leurs pas, viennent siéger auprès des représentans fidèles du peuple français.)

Des députations, des adresses de toutes les parties de la République, sanctionnent, approuvent l'insurrection du 31 mai, félicitent la Convention d'avoir abattu le foyer de guerre civile qui s'étoit allumé: tout paroissoit devoir être tran- ce choix les cérémonies ordinaires....; ils ne jugèrent pas à-propos de rappeler les bannis.... Usant tyranniquement de leur pouvoir contre les citoyens, ils tuoient les uns, bannissoient les autres, & confisquoient impunément leurs biens. Tous ceux qui osoient s'opposer à ce changement, ou même s'en plaindre, étoient égorgés sous quelque faux prétexte, & on auroit été mal reçu à demander justice des meurtriers.

« Les quatre cents, aussitôt après leur établissement, envoyèrent six députés à Samos, pour le faire agréer à l'armée. »

« On y avoit déja appris tout ce qui s'étoit passé à Athènes, & sur cette nouvelle les soldats étoient entrés en fureur. Ils déposèrent

(1) » Aucun des dénommés dans les décrets des 28 juillet » et 5 octobre 1793 (*vieux style*), à l'exception des représentans » du peuple rappelés à leurs fonctions par le décret du 18 » frimaire présent mois, *ne rentrera dans le sein de la Convention* » *nationale*; et il ne pourra être fait contre eux *aucune pour-* » *suite par les tribunaux* ». *Décret du 27 frimaire, an troisième de la République.*

quille. Soixante-treize députés signent une opinion contraire à la révolution du 31 mai; ils sont décrétés d'arrestation, et privés de leur liberté.

Le peuple s'attendoit au repos. Il devoit l'espérer. Eh bien! le comité de salut public avoit dans son sein des hommes nés pour le malheur des peuples; ces hommes débarrassés de leurs plus redoutables ennemis résolurent de s'arroger l'empire. Pour y parvenir, il falloit comprimer l'énergie, et du peuple français et de la Convention nationale elle-même. Delà ces lois désastreuses, delà ces incarcérations, ces séquestrations, sans causes, sans motifs. Une désorganisation totale eut lieu sur toute la surface de la République; suite et effet des pouvoirs illimités donnés aux représentans et aux commissaires civils eux-mêmes qui les déléguèrent à tous venans.

La France fut couverte de crimes et de deuil; dans la Convention, des membres dont l'énergie, l'esprit de liberté, déplurent aux nouveaux tyrans, furent arrachés de leurs foyers, de la Convention, jugés, condamnés, exécutés sans avoir été entendus; de ce nombre Camille Desmoulins, Philippeaux (noms à jamais mémorables), ont été victimes, l'un de la naïveté avec laquelle il reprochoit ingénieusement dans ses feuilles, aux tyrans leurs

sur-le-champ plusieurs des chefs qui leur étoient suspects, & en mirent d'autres en leur place, dont Thrasyle & Thrasybule étoient les principaux & les plus accrédités....... »

« Alcibiade fut rappelé, & choisi par toute l'armée pour généralissime. Ils vouloient dans le moment même faire voile vers le Pirée & aller attaquer les tyrans; mais il s'y opposa, représentant qu'il falloit auparavant qu'il eût une entrevue avec Tissapherne, & que puisqu'on l'avoit élu général, on pouvoit se reposer sur lui des soins de la guerre. Alcibiade de retour à Samos, y trouva les esprits encore plus échauffés qu'auparavant: les députés des quatre cents y étoient arrivés pendant son absence, & avoient entrepris en vain de justifier devant les soldats le changement qui s'étoit fait à Athènes. Leur discours, qui fut souvent interrompu par des cris tumultueux, ne servit qu'à les irriter de plus en plus, & ils demandoient avec instance, que sur-le-

crimes, et l'autre de la force de la vérité avec laquelle il publia les crimes et les manœuvres employées pour perpétuer la guerre de la Vendée qui étoit l'ouvrage des gouvernans successifs.

Le 9 thermidor arrive : le peuple, la Convention nationale, reconnurent leurs droits; l'un des chefs des grands coupables périt sur l'échafaud, avec quelques-uns de ses complices; d'autres prevenus sont sur le point d'être mis en jugement. Les Soixante-treize demandent à rentrer dans le sein de la Convention; ils exposent qu'une opinion isolée qui n'a eu aucune publicité, n'a pu les rendre criminels, ils en demandent l'oubli : ils jurent qu'aucun ressentiment ne peut entrer dans leur cœur; ils sont secondés par des membres de la Convention nationale, qui voulant ensévelir toutes les haines disposèrent les esprits à leur retour : j'ai été de ce nombre, et en disant que j'ai été le premier, je ne crains point d'être démenti.

Que ceux qui, sous les ordres des premiers tyrans, se sont livrés aux crimes, aux excès, aux dilapidations, soient livrés aux tribunaux. Que ceux dont la conduite n'est pas jugée pure, soient privés de places et d'emplois; toutes ces mesures sont sages, la justice, la raison l'exigent; mais, ci-

champ on les menât contre les tyrans. »

« Alcibiade, en fin politique, ne consentit point à la démarche des troupes. Profitant d'une guerre habilement concertée, il leur représenta que l'ennemi pouroit s'emparer de leurs possessions, & leur fit craindre la guerre civile. Il empêcha qu'on ne maltraitât les députés, & les renvoya en disant : qu'il ne s'opposoit pas à ce que cinq mille citoyens eussent la souveraine autorité dans la république; qu'il falloit déposer les quatre cents, & rétablir le sénat..... Le retour infructueux des députés qu'on avoit envoyés à Samos, & la réponse d'Alcibiade, excitèrent de nouveaux troubles dans la ville, & portèrent un coup mortel à l'autorité des quatre cents...... Le tumulte augmenta encore infiniment, quand on eût appris que les ennemis, après avoir battu la flotte que les quatre cents avoient envoyée au secours de l'Eubée, s'étoient rendus maîtres de l'île. Cette nouvelle répandit la terreur

toyens, soyons en garde dans la distribution des places, des emplois à conférer; que jamais une destitution ne soit opérée sans causes motivées; qu'aucune place ne soit donnée sans des titres acquis à la confiance publique et au gouvernement républicain.

Eh bien! ce qui se passe aujourd'hui indique trop que c'est seulement un parti qui veut succeder à un autre. Avec les grands mots de buveurs de sang, d'égorgeurs, de terroristes, de robespierristes, de Jacobins, comme autrefois avec les noms d'alarmistes, de modérés, de Giroudins, de Brissotins, de fédéralistes, d'amis de Pitt et de Cobourg, on prépare les citoyens à de nouvelles scènes; on reveille ainsi le desir des plus affreuses vengeances. Dans les spectacles, dans les lieux publics, dans les tribunes même de la Convention, les passions les plus hideuses se manifestent. Comme du temps des anciens comités, chaque jour on nous parle de nouvelles conspirations; les auteurs n'en sont pas nommés; aucunes preuves ne sont administrées: il semble, pour me servir de l'expression à la mode, qu'on veuille *terrorifier* les défenseurs des principes, et ceux qui ne veulent plus d'arbitraire; il semble qu'on veuille qu'une partie du peuple se lève contre l'autre, comme si une nouvelle & le découragement dans Athènes. »

« On n'hésita plus à déposer les quatre cents, comme auteurs des troubles & des divisions qui la déchiroient. Alcibiade revenu victorieux dans Athènes, résolut de célébrer les grands mystères: il crut que ce seroit une action qui lui attireroit des éloges. Il se proposa d'effacer des esprits les soupçons d'impiété que la mutilation des statues & la profanation des mystères y avoient fait naître. »

« Cet acte public & extérieur d'hypocrisie religieuse lui gagna tellement l'affection de tout *le bas peuple*, qu'il souhaitoit avec une passion démesurée de l'avoir *pour roi*. Plusieurs s'en expliquoient hautement, & il y en eut qui, s'adressant à lui-même, l'exhortèrent à se mettre au-dessus de l'envie, à ne s'embarrasser ni des lois, ni des décrets, ni des suffrages, à écarter les brouillons qui troubloient l'état par leurs vains discours, & à se rendre entièrement maître des affaires pour gouverner

anarchie ne faisoit que succéder à l'ancienne. La contagion du mal semble déja pénétrer et se faire sentir dans le sein même de la Convention : les esprits s'aigrissent ; des écrits, des feuilles publiques prônent, vantent le mérite, *les vertus* des députés *mis hors la loi.* Est-ce parce qu'ils ont provoqué la rebellion, les fureurs départementaires ? Est-ce parce qu'ils ont armé les citoyens les uns contre les autres ? N'étoit-ce pas assez que la Convention nationale eût jeté un voile épais sur-tout ce qui s'est passé? N'est-il pas évident que ces agitations sont dirigées contre la Convention elle-même ?

On va jusqu'à désigner Paris comme devant être détruit. Les termes dont on se sert sont plus audacieux, plus révoltans, plus cruels même que ceux employés par le tyran de Prusse dans son manifeste du 25 juillet 1792 (1).

avec une pleine autorité, sans craindre les délateurs. »

« Pour lui, quoiqu'il ait porté les armes contre sa patrie, & fait révolter pendant sa retraite chez les Lacédémoniens, l'île de Chio & plusieurs villes d'Ionie, on ne sauroit dire au juste qu'elle étoit sa pensée sur la tyrannie, ni si son véritable dessein étoit de régner seul. Mais les plus puissans qui croyoient déja tenir dans leurs mains le pouvoir oligrachique, craignant qu'un tel pouvoir ne leur échappât, & effrayés d'un embrâsement dont ils voyoient déja les étincelles, le pressèrent de partir sans différer, en lui accordant tout ce qu'il demanda, & en lui donnant

(1) « La ville de Paris et tous les habitans sans distinction, seront tenus de se soumettre sur-le-champ et sans délai au roi..... Leurs majestés impériales et royales rendent personnellement responsables de tous les événemens, sur leurs têtes, pour être jugés militairement, sans espoir de pardon, tous les membres de l'assemblée nationale, du département, du district, de la municipalité et de la garde nationale de Paris, juges de paix et tous autres qu'il appartiendra ; déclarant en outre, leursdites majestés, sur leur foi et parole d'empereur et de roi, que si le château des Thuileries est forcé ou insulté ; que s'il est fait la moindre violence, le moindre outrage à leurs majestés le roi et la reine et à la famille royale,

On provoque de nouveau contre cette cité, les émigrés, les déportés ; tous ceux enfin dont les haines et les vengeances peuvent armer les bras, sont excités. Eh ! quels sont les hommes qui déchirent ainsi la patrie, au lieu d'invoquer l'exercice des lois contre les coupables, au lieu de seconder l'action du gouvernement pour le maintien de la démocratie et la prospérité publique ? Quels sont donc ceux qui agitent ainsi le peuple ? Sont-ce des écrivains obscurs ? S'il n'y avoit que de tels êtres, leurs personnes et leurs écrits feroient peu de sensation ; mais qu'un député, que l'un des soixante-treize (Mercier) n'ait profité de son retour à la liberté, que pour provoquer hautement dans un mauvais drame, présenté à tous les théâtres, rejeté de tous avec indignation ; que ce député provoque la perte et l'anéantissement total de la Représentation nationale, la destruction entière de Paris et de tous ses habitans, la subversion enfin de la République, c'est ce que les siècles à venir auront peine à croire, et c'est ce qui

pour collègues les généraux qui lui étoient les plus agréables. »

« L'armée d'Alcibiade fut vaincue ; lui déposé, & obligé de se réfugier chez les Perses, où le satrape Pharnabaze, qui lui avoit donné asyle le fit tuer à coups de flèches à la sollicitation de ses ennemis. »

» Le Lacédémonien Lysandre, qui par-tout abolissoit la démocratie, gagne la célèbre bataille navale d'Ægos-Potamos sur les Athéniens ; assiège, prend & rase presque toute Athènes, où il établit l'olygarchie la plus concentrée en mettant tous les pouvoirs dans la main de trente hommes, de trente tyrans, qui exercèrent d'horribles cruautés.

» Sous prétexte de contenir la multitude dans le devoir & d'arrêter les di-

s'il n'est pas pourvu immédiatement à leur sûreté, à leur conservation et à leur liberté, elles en tireront *une vengeance exemplaire et à jamais mémorable*, *en livrant la ville de Paris à une exécution militaire et à une subversion totale*, *et les révoltés*, *coupables d'attentats*, *au supplice qu'ils auront mérité* ».

m'a déterminé à mettre en parallèle sur deux colonnes, les événemens du peuple athénien et les nôtres; événemens qui produits par l'ambition des grands, par des haines suivies, des réactions qui se succèdent avec autant de rapidité que d'effervescence, ont fait et feront toujours le malheur des peuples et l'anéantissement de tout gouvernement.

L'écrit que j'attaque, intitulé Timon d'Athènes (1), drame, où l'auteur, dès sa préface, fait connoître qu'il se peint lui-même; drame qu'il a *composé et dialogué*, dit-il, à sa *manière*, d'après le Timon de Shakespéare, pièce, qui lui *offrit une foule d'idées et de sentimens analogues aux siens*, porte des caractères trop marquans de haine et de réaction combinées; il présage de trop funestes désastres, pour que je ne vous présente point ici

tions, ils s'étoient fait donner des gardes, avoient armé trois mille d'entre les citoyens qui leur servoient de satellites, & en même temps avoient ôté les armes à tous les autres. Toute la ville étoit dans l'effroi & le tremblement. Quiconque s'opposoit à leur injustice & à leur violence, en devenoit la victime. Les richesses étoient un crime, & attiroient à leur maître une condamnation certaine, qui étoit toujours suivie de la mort & de la confiscation des biens que les trente tyrans partageoient entre eux. Ils firent mourir, dit Xénophon, plus de gens en huit mois de paix, que les ennemis n'en avoient

(1) « Timon *le misantrope*, c'est-à-dire, *qui hait les hommes*, fameux athénien vers l'an 420 avant l'ère vulgaire, étoit l'ennemi de la société et du genre humain, et il ne s'en cachoit pas. Comme on lui demandoit un jour pourquoi il caressoit le petit *Alcibiade? C'est*, répondit-il, *parce que je prévois qu'il sera la cause de la ruine des Athéniens.* Il alla néanmoins un jour dans l'assemblée du peuple, auquel il donna cet avis important : *J'ai un figuier, auquel plusieurs d'entre vous se sont déja pendus; je veux le couper pour bâtir en sa place : ainsi s'il y a quelqu'un parmi vous qui s'y veuille pendre, qu'il se dépêche* ».

quelques morceaux de cet ouvrage, avec l'application.

Page 82, scène III, acte IV, on lit :

TIMON seul, (*Mercier.*)

« Qu'il périsse ce sénat discordant, ces sénateurs toujours prêts à trahir ou à mentir ! Que font-ils ? ils absolvent l'homicide, et tuent l'homme probe. Ah ! que leur ivresse doit être dangereuse pour l'état. Mes vins ne les enflammeront plus ; ils iront ailleurs fomenter leurs détestables factions. Les voilà ces audacieux hypocrites qui, de la liberté ont fait une tête de Méduse. Tous ont fait le mal, ou l'ont souffert lâchement...

» Haïr ! haïr ! cela est affreux.... Mais ce sentiment.... c'est le seul hélas qui m'attache encore à la terre ! Oui, ne pouvant plus aimer, il faut que je haïsse..... Horrible volupté ! Dieux ! Ce n'est qu'en devenant *monstre*, à l'exemple de tous ceux qui m'entourent, que je deviendrai, je crois, moins misérable ».

Vouloir expliquer, commenter ce passage, ce seroit diminuer la profonde horreur qu'il inspire. Que Mercier tué en trente ans de guerre. . . . »

Ce ne fût dans toute la ville qu'emprisonnemens & que meurtres ; chacun craignoit pour soi-même ou pour les siens. Nulle ressource dans une désolation si générale ; nulle espérance de recouvrer la liberté. Où trouver autant d'Harmodius (1) qu'il y avoit alors de tyrans ? Le découragement avoit saisi tous les esprits. Tout le monde déploroit en secret la perte de la liberté, sans qu'il se trouvât dans la ville aucun citoyen assez généreux pour tenter de rompre ses chaînes. Il sembloit que le peuple Athénien eût perdu ce courage qui jusque là l'avoit toujours fait craindre & respecter par ses voisins & par ses ennemis. Ils sembloient même avoir perdu jusqu'à l'usage de la voix, n'osant plus faire entendre les moindres plaintes, de peur qu'on ne leur en fît un crime. Socrate seul demeura intré-

(1) Harmodius étoit un de ceux qui avoient formé une conspiration pour délivrer Athènes de la tyrannie des Pisistratides.

nous dise seulement s'il a jamais connu d'ennemi de la représentation nationale qui l'ait attaquée avec plus d'indécence, de perfidie et de cruauté. Qu'il nous dise, si Royou, l'ami du roi, si aucuns des pamphlétaires contre-révolutionnaires ont jamais écrit rien de semblable; et Mercier siége au milieu de la Convention nationale. Que dis-je, il est secrétaire; souvent il préside pour l'absence du président, en attendant qu'il soit lui-même président en titre.

Dans cette pièce, Timon, (ou plutôt Mercier,) en invoquant la colère des Dieux sur la Convention, sur Paris, sur tous ses habitans, desire trouver un vengeur. Comme chez les Grecs, il fait paroître un Alcibiade, chassé de sa patrie qu'il vouloit asservir, et qui ne desire y rentrer avec les forces du roi de Perse, que pour se venger de ses ennemis, et détruire le gouvernement démocratique. Cet Alcibiade, tant desiré par Mercier, il est évident que c'est Wimphfen, généralissime de la ligue calvadossienne, qui paroît sur la scène, sous le nom d'Alcibiade, avec le roi de Perse, qui n'est autre que Georges d'Angleterre, et Tuissapherne, qui est Pitt.

pide: il consoloit les sénateurs affligés, il animoit les citoyens réduits au désespoir, & donnoit à tous un exemple admirable de courage & de fermeté, conservant sa liberté, & marchant tête levée au milieu de trente tyrans qui faisoient tout trembler . . . . Tout ce qu'il y avoit alors à Athènes de citoyens qui conservèrent encore quelque amour de la liberté, sortirent d'une ville réduite à une dure & honteuse servitude, & allèrent chercher ailleurs un asyle & un lieu de retraite, où ils pussent vivre en sûreté. Ils avoient à leur tête Thrasybule, citoyen d'un rare mérite, & qui sentoit avec une vive douleur les maux de sa patrie . . . . Deux villes, Mégare & Thébes, les reçurent malgré la défense des Lacédémoniens.... Lysias, orateur de Syracuse, que les trente avoient exilé, leva à ses dépens cinq cents soldats & les envoya au secours de la patrie commune de l'éloquence.

Thrasybule

Page 83, scène IV.

TIMON, ALCIBIADE.

ALCIBIADE (*Wimphen*), *fortement agité.*

« M'exiler!... moi, dont le bouclier les a si souvent défendus contre les javelots de l'ennemi! M'exiler!......, les ingrats! ils ont banni Phocion (*Pétion*), c'étoit un philosophe : il leur pardonna. Alcibiade n'ambitionne point cet effort d'une vertu sublime. Non. Combattre, voilà son plaisir; vaincre, voilà sa gloire; se venger, voilà son devoir.... Et je le remplirai. Leur injuste décret manquait à ma gloire. Oui, j'en jure par ce glaive : je détruirai la *caverne*, que le peuple, trompé, appela si long-temps le temple de la justice : là, des brigands affamés d'or, de sang et de domination, pillent, égorgent ou flétrissent ceux de leurs concitoyens dont ils redoutent les vertus, ou dont ils convoitent les richesses. »

TIMON (*Mercier.*)

« Dieux immortels! faites qu'il précipite sa vengeance sur la tête de ces hommes pervers, qui craignent le regard de tous ceux qui ne leur ressemblent pas. »

» Thrasybule ne perdit pas de temps. Après avoir pris Phylé, petit fort de l'Attique, il marcha vers le Pyrée & s'en rendit maître. Les trente y accoururent aussi-tôt avec leurs troupes. Il se donna un combat qui fut assez rude; mais comme les soldats combattoient d'un côté avec force & vigueur pour leur propre liberté, & de l'autre avec mollesse & nonchalance pour la domination d'autrui, le succès ne fut pas douteux, & suivit la bonne cause; les tyrans furent vaincus. . .. On rétablit le gouvernement démocratique tel qu'il étoit auparavant; on remit en vigueur les lois anciennes, & l'on nomma des magistrats selon la forme ordinaire ».

» Jamais tyrannie n'avoit été plus cruelle, ni plus sanglante, que celle dont Athènes venoit de sortir. Chaque maison étoit en deuil, chaque famille pleuroit la perte de quelque parent. Ç'avoit été un brigandage public, où la licence & l'impunité

Acte V, scène première, page 92.

Timon seul (*Mercier*).

« Caché dans le fond ténébreux de cette caverne, c'est là que je pourrai vous échapper, monstres à face humaine, plus redoutables pour moi que les bêtes féroces, dont les sourds rugissemens se prolongent dans l'épaisseur de cette forêt..... Non, l'homme ne peut supporter une grande fortune sans méconnoître sa nature, c'est ici que je retrouve toute ma dignité, et que je me sens le droit de mépriser, de haïr l'espèce humaine; c'est d'ici que j'apperçois le torrent des iniquités rouler ses flots impurs dans le sein d'Athènes (*Paris*). Ville abominable! ne perds point tes vices; que la femme adultère y brave toujours la pudeur en commettant le crime sous les yeux même de son époux; chasteté, sors du cœur des jeunes filles; obéissance, péris dans le cœur des enfans; crainte, respect, amour des dieux, paix, justice, bonne-foi, subordination domestique, tranquille repos des nuits, union des citoyens, éducation, mœurs, religion, vous êtes disparus, vous êtes anéantis et remplacés par tous les crimes et les desordres contraires.... Dépositaires infidèles, plutôt que

avoient fait régner tous les crimes. Les particuliers sembloient avoir droit de demander le sang de tous les complices d'une si criante oppression; & l'intérêt même de l'état paroissoit autoriser leur desirs, pour arrêter à jamais, par l'exemple d'une sévère punition, de pareils attentats. Mais Thrasybule, satisfait d'avoir délivré son pays des tyrans, & d'avoir vu qu'ils étoient punis, s'élevant au-dessus de tous les sentimens de haines & de vengeance, par une supériorité d'esprit plus étendu, & par des vues d'une politique plus éclairée & plus profonde, comprit que de songer à punir les coupables, ce seroit laisser des semences éternelles de division & de haine, affoiblir par ces dissentions domestiques les forces de la République qu'elle avoit intérêt de réunir contre l'ennemi commun, & de faire perdre à l'état un grand nombre de citoyens qui pouvoient lui rendre d'importans services dans la vue même de réparer les premières fautes.

de rendre l'argent, tirez vos poignards, et coupez la gorge à ceux qui vous demandent des comptes; serviteurs, volez avec alégresse, vos graves maîtres sont des brigands à large main, qui pillent au nom des lois; jeunes fils débauché, pour jouir du trésor de ton père, trop lent à mourir, arrache de ses mains sa bequille veloutée, et d'un coup parricide, brise sa tête chauve. Athènes (*Paris*) est mur pour la ruine; dieux! voici l'instant de la frapper... Que du moins je sois toujours loin de toi, cité détestable, peuple d'êtres insensibles ou féroces... L'haleine des Athéniens (*des Parisiens*), est mortelle pour moi: je sens qu'elle me tueroit.... „

O Mercier! toi, accoutumé à tracer des tableaux, dis-nous: les écrivains qui ont parlé des vices et des crimes de Sodôme, de Gomorrhe, de Ninive, de Babylone, ont-ils présenté des tableaux plus hideux que le nouveau tableau que tu nous fais de Paris, sous le nom d'Athènes? Crois-tu avoir bien mérité de ton pays en le traitant ainsi? Pour t'excuser, tes amis disent que tu es en délire, que ton ame est ulcérée... Et moi, je dis que tu provoques les haines, la guerre civile; que tu voues les hommes au mépris; que tu n'as pas le courage d'attaquer de front dans tes écrits, à la tribune nationale, les grands

» Cette conduite après de grands troubles, a toujours paru aux plus habiles politiques le moyen le plus sûr & le plus prompt de rétablir la paix & la tranquillité. „

Les gouvernemens fidèles à ces maximes ont prospéré. Ceux qui, à l'exemple de l'Espagne, les ont négligées, ont vu leur puissance périr, ou affoiblie par le démembrement d'une partie de leurs états.

La grandeur & la prospérité d'une nation ne se soutiennent que par la bonté & la justice: elles se ruinent & se détruisent par un gouvernement dur & injuste.

---

criminels, de défendre les innocens, d'éclairer les hommes peu instruits, d'excuser les foibles; enfin, pour me servir d'une de tes expressions, que tu es un *monstre* provocateur de tous les crimes, loin de les corriger. Paris, qui t'a vu naître, Paris te doit de grands, de magnifiques remercîmens pour ton dernier tableau, et pour les souhaits que tu lui fais. Crois-tu donc par-là parvenir à l'immortalité ? Tu n'obtiendras pas même celle d'Erostrate. Continuons :

ALCIBIADE (*Wimphfen*) *à sa troupe.*

Page 94, 95, 96, et 97.

« Reposons-nous un moment sous l'ombre de cette forêt : (*aux tambours*) Vous, cessez d'épouvanter les échos de ce lieu solitaire. (*Il s'avance.*) Encore un jour, tu me verras dans tes murs, *insolente cité* ».

TIMON (*Mercier.*)

Tu fais donc la guerre aux Athéniens ? (*aux Parisiens.*)

ALCIBIADE (*Wimphfen.*)

Oui, Timon, et j'en ai sujet, tu le sais.

TIMON (*Mercier.*)

« Que les Dieux les punissent par ton épée victorieuse... Les lâches ! que n'ont-ils pas enduré ! vas, que ton glaive n'en épargne pas un seul. Si tes soldats frappent un vieillard, malgré ses cheveux blancs, crois que c'est un infame usurier. Si le fer atteint la matrone, point de remord, rien n'est honnête en elle que ses vêtemens, son cœur est prostitué. Allons, suis tes tambours, sur-tout ne te sépare pas de tes trompeuses beautés ; par-tout, je te le certifie, elles seront plus fatales que ton épée.

» ....Châtie, châtie seulement l'espèce humaine corrompue, avilie dans nos murs, dont je voudrois, moi : être l'*exterminateur* ».

ALCIBIADE (*Wimphfen.*)

» Aux armes ! soldats ; sonnez trompettes ! que le bruit éclatant de vos sons, en se répandant sur notre route, rallie, augmente le nombre de ceux qui vont avec moi, servir ma vengeance.... : Vengeance ! C'est elle qui doit nous réconcilier avec toute la Grèce (avec les départemens révoltés), et l'univers (les rois coalisés).

Eh bien ! Mercier, ton cœur est-il content ? Wimphfen part. Il va détruire la cité qui t'a donné le jour ; le vieillard aux cheveux blancs, l'enfant à la mamelle, aucuns ne seront épargnés, la femme avec son fruit périra sous le fer meurtrier; tes vœux seront-ils satisfaits? Si quelques victimes échappent aux poignards de tes satellites, *les trompeuses* beautés que tu invoques (les Cordai), feront le reste. Cela te suffira-t-il? non. Il manquera à ta jouissance de n'être pas le seul *exterminateur*! Dieux? que n'avez-vous donné au peuple français qu'une seule tête? Mercier eût savouré l'affreux plaisir de la couper d'un seul coup: c'est à ce prix-là seul que sa vengeance seroit assouvie; il iroit, cette tête sanglante à la main, la présenter en signe de réconciliation aux tyrans du monde conjurés contre la France.

Acte V, scène 6, *pag.* 106.

APEMENTÉS.

« Moi chérir quelqu'un dans la République d'Athênes (française), qui est devenue un repaire de bêtes féroces?

TIMON. (*Mercier.*)

» Quand de tous les Athéniens (les Parisiens), il ne restera plus que toi de vivant, viens me l'annoncer.... alors tu seras le bien venu.

Acte V, scène VII, pag. 109.

Un sénateur à Timon, (*Mercier*).

» Ne refusez point de revenir parmi nous? Athènes (Paris) que l'armée d'Alcibiade (de Wimphen) menace de détruire, vous appelle, seigneur, pour la défendre contre les armes de ce rebelle furieux: vous pouvez tout sur Alcibiade (Wimphen), serez-vous sourd à la voix de la patrie qui implore votre secours.

TIMON. (*Mercier.*)

» Ma patrie.... elle me fut chère, je m'en souviens. Mais je n'ai plus de patrie, je suis mort à l'univers.

Deuxième sénateur.

» Vos concitoyens vont périr, si votre voix toute puissante ne repousse point les attaques du cruel Alcibiade (de Wimphen).

TIMON. (*Mercier*).

» Ils vont périr sous ses coups! que me font leurs désastres? Quels désastres pourront jamais expier les longs forfaits des Athéniens (des Parisiens) et de *vous autres sur-tout sénateurs?* Qui pourroit s'empêcher de vouer dans son cœur une haine légitime, une aversion sans bornes aux auteurs de tant de barbaries ; d'ailleurs l'Athénien (le Parisien) ne fait pas plus d'attention à son bienfaiteur, qu'à de vieilles épitaphes brisées, ou effacées par le temps. Qui étoit plus dévoré que moi de l'amour du bien public ? Qui manifestoit mieux l'expression de la fraternité la plus franche ? »

Il te sied bien, Mercier, après avoir déclaré que tu n'as plus de patrie, que peu t'importe, si tes concitoyens périssent sous les coups d'un général traître et rebelle, de vouloir faire croire que tu as quelquefois été sensible au bien public, à la fraternité, aux sentimens de la bienfaisance. Ah! Mercier! dis, as-tu jamais connu les doux sentimens de la paternité, de l'humanité ? Non. Scrute ton cœur, ta moralité : et ne me force pas d'en dire davantage. As-tu, depuis que tu siéges à la Convention, proposé, mis en avant un seul projet d'utilité publique ? As-tu quelquefois monté à la tribune pour t'opposer à un projet de loi désastreuse, ou pour défendre les droits d'un citoyen opprimé ? jamais, Mercier, jamais ; si deux fois tu as gravi la tribune, ç'a été, la première fois, pour protéger Louis Capet, la seconde pour voter une simple détention, c'est-à-dire pour que Capet eût le temps de remonter sur le trône.

Voici ton dénouement.

TIMON. (*Mercier.*)

» Je donnerai à mes compatriotes un secret qui les sauvera tous, oui tous, s'ils le veulent, des fureurs d'Alcibiade (de Wimphen).

Premier sénateur.

» Oh ! il s'appaise.

Deuxième sénateur.

» J'espère.

TIMON. (*Mercier*).

» Dites aux Athéniens (aux Parisiens), et de préférence *aux sénateurs si jaloux de conserver leur existence*, qu'il y a dans cette forêt de très-beaux arbres, fort commodes pour ceux d'entre eux qui, en se faisant justice, voudront y finir leur destinée; voilà l'offre du dernier service que je *peux* et que je *veux leur rendre*....

Mercier, voilà donc le sort que tu réserves à tous tes collègues! digne ministre des vengeances des tyrans ! tu ne peux anéantir Paris et d'un seul coup faire mourir ses habitans et tes collégues que tu abhorres. Tu veux leur léguer tes fureurs et ta scélératesse avant de t'empoisonner toi-même ; avant que, selon ton vœu, ton dernier soupir puisse *être celui de tous les méchans*....

Voilà, citoyens, & vous mandataires du peuple, voilà les ſcènes d'horreurs, de ſang & de carnage qu'on médite, qu'on vous prépare. C'eſt ainſi que l'œil clairvoyant de l'obſervateur s'apperçoit que ſur nos corps déchirés, ſur les débris des mœurs & de la République on veut conduire la France à l'oligarchie, & de l'oligarchie au deſpotiſme, après avoir briſé tous les reſſorts & conſumé l'énergie populaire.

Voilà mon opinion, ſur l'état préſent de la République; je la dois au peuple français; je la dois à la Convention; je dois ſur-tout dire au monde que la criſe où nous ſommes n'a rien qui m'étonne, quand, après un dîné préparé par les 73, où furent invités plus de dix membres de la Convention nationale qui s'étoient montrés les plus favorables à leur rentrée, (j'étois de ce nombre), quand après ce dîné où tous les convives manifeſtèrent la néceſſité, le beſoin de ſe rapprocher unanimement, Mercier, prenant la parole, entama une diſcuſſion ſur les évènemens du 31 mai, ſur les Buzot, les Barbaroux, les Louvet, les Henri-la-Riviere, les Cuſſy, les Pontécoulant, les Lanjuinais, les Iſnard, les Briſſot, les Péthion, &c.

A ceux qui ſont morts, dit-il, *il faut ériger des ſtatues; aux autres, mis hors la loi, qui ſurvivent, la Convention leur doit un décret, pour avoir bien mérité de la patrie.*

Je repouſſai avec indignation, avec une horreur profonde une propoſition auſſi monſtrueuſe.

J'obſervai que ſi une telle propoſition avoit jamais lieu en faveur d'hommes qui ont allumé les torches de la diſcorde, & fomenté la guerre civile dans les départemens, qui ont lâchement déserté leur poste, bien différens en cela des 73 qui ne l'ont point quitté, ce seroit infailliblement perdre la République. Je dis que si les députés *mis hors la loi*, pouvoient jamais rentrer dans le sein de la Convention nationale, *ils périroient de ma main, en plein sénat, ou moi de la leur*, parce que tout citoyen qui a provoqué ou porté les armes contre sa patrie, ne peut plus être le représentant d'une nation qu'il a voulu assassiner. La discussion fut rompue : un silence profond succéda.

Depuis ce temps, Mercier a publié son Timon *l'exterminateur* ; je n'en suis pas surpris. Que des folliculaires, que des agitateurs vendus cherchent à égarer l'opinion publique, pour remettre le gouvernement dans les mains de ces hommes avides de vengeance et de domination, il n'y a rien là qui m'étonne. Mais le peuple français, mais la Convention nationale sauront bien arrêter des projets aussi éversifs. Le peuple hait la réaction : il déteste la vengeance & les haines particulières ; il aime la justice ; il veut qu'on punisse les forfaits, mais qu'on protège l'innocence ; il demande le règne des lois & non celui des factions qui pillent, qui dévastent, qui égorgent, qui étouffent les citoyens, qui envahissent tous les droits pour établir leur exécrable empire.

Il est temps que l'arbitraire cesse, il est temps que l'administrateur, que le général d'armée, que le fonctionnaire public, que le fournisseur & l'entrepreneur honnêtes puissent dire : en remplissant bien mes devoirs, je n'ai rien à redouter, ni des fluctuations réactives, ni des délations clandestines, ni des intrigues souterraines. Mes actions, ma vie sont à découvert, le peuple les jugera dans sa justice impartiale ; la loi, l'intérêt public seront mes guides & mes juges ; la patrie ne sera plus déchirée par des tiraillemens continuels en sens contraire ; & l'homme de bien, retiré des fonctions publiques par le vœu seul de la loi, jouira, du moins en repos, de la gloire & du bonheur de ses concitoyens.

L'oubli de ces principes, citoyens, a provoqué une foule d'agens dévorateurs, qui se sont jetés sur la République comme sur une proie facile à déchirer, dont ils se sont hâtés d'emporter chacun un lambeau. L'oubli de ces principes, citoyens, a fait que personne n'a pu affectionner votre gouvernement, que l'homme probe s'est caché ; s'est enfui, en laissant le champ libre aux audacieux qui n'ont de patrie que dans l'agglomération rapide de leur fortune usurpée.

C'est l'oubli de ces principes qui a produit le discrédit national, & la baisse des assignats.

Oui, c'est l'oubli de ces principes qui porte toutes les dentées à un prix si violemment excessif, qu'il sera bientôt impossible à la plus haute fortune même d'y atteindre.

Oui, c'est l'oubli de ces principes qui a enflammé les desirs de la cupidité, qui repousse les malheureux en même temps qu'elle dévore & qu'elle plonge le désespoir dans toutes les ames.

Ce sera le rappel à ces principes qui seul ramenera la prospérité, la confiance, l'abondance & le bonheur.

Le peuple français est indigné de passer journellement d'un gouvernement à un autre. Il ne veut point qu'on lui donne chaque jour des fonctionnaires qui ne sont pas les siens ; il ne veut point que de tels magistrats se trouvent placés, déplacés tour-à-tour sans son consentement & par des intrigues ennemies. Le peuple, las d'être *nul*, veut, il veut nommer lui-même ses fonctionnaires, il veut que ses fonctionnaires aient sa confiance ; c'est à lui seul de les en juger dignes. Le peuple veut la garantie des personnes & des propriétés; le peuple ne veut point, le peuple ne souffrira plus qu'aucune autorité, que nul individu s'élève au-dessus de sa souveraineté. Le peuple a vu, il voit avec un déplaisir extrême, que la faction terrassée le 31 mai relève la tête; il a vu, il voit avec indignation que cette faction furieuse court la République pour détruire ce que la République a élevé, les monumens de sa grandeur & de sa gloire, l'image du peuple elle-même, & les faisceaux sacrés de la République (1), pour exercer des vengeances, pour consommer la réaction la plus subversive, en accusant, en calomniant les citoyens, en destituant sans motif des fonctionnaires honnêtes & vertueux; en installant effrontément dans les fonctions publiques des hommes perdus de crimes & de réputation, qui en ont été chassés par leur incivisme, ou qui ont arboré l'étendard de la révolte & de l'anti-popularité.

Le peuple veut enfin reprendre l'exercice de ses droits: il veut sa constitution *démocratique* qu'il a acceptée solennellement en 1793, constitution fondée sur les principes éternels de justice & d'humanité; constitution qui seule peut ramener le bonheur & stabiliser la paix parmi les Français.

Citoyens collègues, il n'est nul autre moyen de répondre aux vœux impatiens du peuple & d'opérer son salut dans la crise présente. N'attendons pas que les mal-

---

(1) On pouvoit ôter des pieds de la statue du peuple, qui étoit élevée devant la maison nationale des invalides, ce vil crapaud et l'image hideuse du fédéralisme qui s'y trouvoient; mais renverser la statue du peuple; mais déchirer le faisceau de l'indivisibilité sur lequel le peuple français repose, me semble à moi un attentat, un outrage sanglant contre la souveraineté du peuple.

heurs, qui nous menacent, soient réalisés pour nous déterminer. A l'exemple de Thrasybule, rendons au peuple, établissons le gouvernement démocratique qui lui fut enlevé par des tyrans que nous ne voulons pas sans doute imiter. A l'exemple de ce citoyen illustre qui sauva son pays, hâtons-nous de sauver notre patrie; supprimons sans délai les actes, les emprisonnemens arbitraires, écartons les délations clandestines, abrogeons, révoquons les pouvoirs illimités, source féconde de tous les crimes & de tous les maux; qu'ils disparoissent anéantis. Les représentans en mission serviront mieux la patrie avec des instructions & des pouvoirs suffisans, mais bornés, qu'avec des pouvoirs absolus que j'appelle, moi, des pouvoirs tyranniques, puisque de tels pouvoirs font les tyrans, & que dans tous les lieux, dans tous les temps, chez tous les peuples, les hommes qui en ont été revêtus en ont constamment abusé. Avec des pouvoirs bornés, on est secondé si l'on est juste; on est assez puissant si l'on veut faire le bien; mais il faut un frein qui retienne l'homme, même le plus probe, qui peut faire le mal.

Mandataires du peuple, voulons-nous que nos contemporains, voulons-nous que les siècles à venir nous accusent d'avoir retenu trop long-temps les pouvoirs & les droits du peuple? Voulons-nous que nos noms flétris aillent grossir la liste des tyrans, nous, qui nous vantons d'avoir renversé toute les tyrannies? Voulons-nous que l'histoire un jour accuse l'intérêt & la soif de la domination d'avoir concentré dans nos mains l'absolue puissance & tous les droits du peuple? Que chacun de nous, au contraire, se dispose à rendre au peuple & à la postérité prête à le saisir, un compte sévère de son administration, un tableau avantageux de sa vie morale & politique.

Que dans aucun temps on redise de nous, comparés aux quatre cents, aux trente, aux dix d'Athènes, aux décemvirs de Rome : *Le peuple fut un jour forcé d'arracher le pouvoir de leurs mains usurpatrices : il brisa son propre ouvrage, pour se sauver lui-même.*

Mandataires du peuple, sensibles à la gloire, au plaisir d'avoir fait le bien, remplissons, il est temps, nos grandes & belles destinées, serrons-nous, serrons tous les Français dans les nœuds, dans les embrassemens de l'amitié & de la fraternité. Vivons, mais pour nous aimer & non pour nous haïr, nous déchirer.

A bas la terreur : vive l'amitié !

A bas les pouvoirs illimités : vive la loi !

A bas toute espèce de tyrannie : vive la justice !

Vivent les droits de l'homme & du citoyen !

Vive la Constitution démocratique de 1793 !

Signé, L. LECOINTRE.

Paris, 30 pluviôse, an III de la République démocratique, une et indivisible.

P. S. L'impression de mon ouvrage étoit finie ; il alloit paroître lorsque la Convention nationale a rendu un décret, aujourd'hui 6 ventôse, dans l'affaire du citoyen Founard, qui annulle un jugement du tribunal criminel du département de la Manche, du 15 pluviôse dernier, décret qui prouve l'esprit de partialité et d'injustice qui anime ce tribunal contre Nicole, l'un des citoyens que je défends ; Nicole appellé par le sort à être l'un des jurés dans cette affaire. Ces hommes aveuglés par la passion et la haine, sans déduire aucune cause contre Nicole, ont déclaré ne vouloir pas voter avec lui, et se retirer si Nicole n'étoit changé à l'instant. Le tribunal, imbu des mêmes principes, a par son jugement confirmé cette monstrueuse prétention, et prononcé l'exclusion de Nicole, quoique l'accusateur public eût déclaré que Nicole n'étoit pour rien dans la procédure, et que les jurés dont une grande partie ont été destitués, en 1793, et le tribunal eussent sous les yeux le certificat de civismede Nicole.

Et comme s'il ne suffisoit pas que le tribunal fût seul violateur des lois, l'administration du district de Coutances a voulu partager la gloire de jetter aussi une pierre au patriote Nicolle. Ces administrateurs, pour influencer le tribunal et l'opinion publique contre Nicole, se sont permis d'écrire au tribunal que ce n'étoit pas l'agent national actuel (*Duhamel*) qui avoit formé, ni eux qui eussent approuvé la liste des jurés où se trouve porté *Nicole*; ils ont exigé que le tribunal lût leur déclaration, séance tenante, ce qui a eu lieu, et Nicole a été rejetté du juré par un jugement de la plus scandaleuse unanimité. Mais la Convention nationale vient de frapper cet amas d'iniquités réactives, par le décret qui suit :

Séance du 6 ventôse de l'an 3 de la République.

» La Convention nationale, après avoir entendu le rapport de son comité de législation ;

Considérant que par le jugement rendu le 15 pluviôse, le tribunal criminel du département de la Manche *a autorisé une infraction à la loi du 29 septembre* 1791, sur l'institution des jurés, en ce qu'il a permis aux jurés convoqués pour le juri de jugement de se récuser entr'eux, décrète ce qui suit :

Le jugement rendu par le tribunal criminel du département de la Manche, le 15 pluviôse dernier, contre Jean-Jacques-Alexandre Fonnard, administrateur du district de Coutances, accusé de prévarication dans l'exercice de ses fonctions, *est annullé*; ledit Fonnard est renvoyé en état d'accusation devant le tribunal criminel du département du Calvados, pour y être jugé dans les formes prescrites par la loi; à cet effet, l'acte d'accusation et les autres pièces de la procédure seront envoyées au tribunal criminel du Calvados, à la diligence de l'accusateur public près le tribunal du département de la Manche ».

Eh! voilà les hommes qui forment le conseil de Legot; voilà ces hommes qui dénoncent, qui poursuivent les patriotes que je défends! voilà ces hommes que Legot met en place, qu'il conserve dans des fonctions où ils disposent à leur gré de la vie, de la liberté et de l'honneur des citoyens.

L. LECOINTRE.

DE L'IMPRIMERIE DE GUÉRIN.

www.ingramcontent.com/pod-product-compliance
Ingram Content Group UK Ltd.
Pitfield, Milton Keynes, MK11 3LW, UK
UKHW022105170726
13837UKWH00003B/1075

9 782329 171432